Bordeaux und seine Weine

Robert Joseph

Bordeaux und seine Weine

Fotos von Max Alexander
Mit einem Vorwort von Hugh Johnson
Deutsch von Reinhard Ferstl

 Hallwag

Übersetzung: Reinhard Ferstl, München
Lektorat: Urs Aregger, Stettlen
Projektleitung: Marc Strittmatter
Programm- und Verlagsleitung: Dorothee Seeliger
Herstellung: Maike Harmeier
Satz: Utesch, Hamburg
Umschlaggestaltung: KMS Team GmbH, München
Umschlagfoto © StockFood / CEPHAS, Mick Rock
Printed and bound by Imago Publishing Ltd., China
1. Auflage 2003

Copyright © 2003 Gräfe und Unzer Verlag GmbH
Grillparzerstr. 12, 81675 München
Alle deutschen Rechte vorbehalten

Hallwag ist ein Unternehmen des Gräfe und Unzer
Verlags, München,
Ganske Verlagsgruppe
hallwag-leserservice@graefe-und-unzer.de

ISBN 3-7742-0978-2

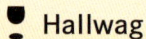 

INHALT

Ein denkwürdiger Anblick: Château Cos d'Estournel. Hier entstehen einige der feinsten Weine des Médoc.
Die pagodenähnliche Fassade spiegelt die Weltkenntnis ihres Erbauers wider.

VORWORT
von Hugh Johnson

Bordeaux: ein klangvolles Wort. Es benennt eine Stadt, eine Region und einen Wein – nein, viele Weine. Im Lauf der Jahrhunderte sind sie dank ihres Stils und ihrer Qualität wie gothische Architektur oder italienische Gärten zu Ikonen europäischer Kultur geworden. Um von der Bevölkerung eines Kontinents, wenn nicht gar der ganzen Welt, erkannt zu werden, bedarf es einer Beständigkeit und Eigenständigkeit, die nur sehr wenige Städte und Regionen bzw. deren Erzeugnisse je erlangt haben.

Kein Wunder, dass Bordeaux den Neugierigen anlockt. Auch ich machte mich wie Robert Joseph auf die Suche nach der rätselhaften Seele von Bordeaux, wenngleich rund zehn Jahre früher. Das Spektrum der Tropfen fasziniert uns beide nach wie vor. Es reicht von der flüchtigen Begegnung bis hin zur eindrucksvollen, unser sinnliches Erleben auf alle Zeit formenden Weinpersönlichkeit.

Kann man diese beiden Extreme überhaupt unter einem Begriff zusammenfassen? Was können sie schon gemeinsam haben? Auf gleichsam mystische Weise sind alle Bordeaux-Weine vom Wesen der Atlantikküste beseelt. Sicher, man schmeckt auch die Frucht heraus, wenngleich sie sich nicht so ausgeprägt manifestiert wie in einem Burgunder. In erster Linie aber erkennt man in einem Glas Bordeaux den Kies, Sand, Ton oder Kalk, die das Wasser speicherten, aus dem später Wein wurde. Als Bindeglied zwischen den äußerst unterschiedlichen Getränken dient also das Terroir.

Und der Ort? Die Stadt Bordeaux ist durchdrungen vom kühlen Glanz eines nordeuropäischen Hafens am Rande der mediterranen Welt. Bordeaux ist herb: Der steinerne Rhythmus der Häuserzeilen wirkt so streng regelmäßig wie die endlosen Rebstockreihen vor seinen Toren. Geschichte und Geschicke der Stadt sind enger mit der nordeuropäischen Historie verbunden als mit dem übrigen Frankreich. England liegt auf dem Seeweg näher als Paris. Edinburgh, Hamburg sowie die skandinavischen und baltischen Hafenstädte können über dasselbe graue Wasser erreicht werden, in dem sich auch die goldenen Steine von Bordeaux spiegeln.

Das Produkt und sein Herkunftsort ergeben zusammen eine komplexe Kultur, die über Jahrhunderte hinweg entstanden ist. Die Bordelaiser Winzer, ihre Händler und ihre Kunden teilen über Grenzen hinweg Gemeinsamkeiten und Werte, die als unverrückbar gelten – und vielleicht gerade deshalb in Frage gestellt werden können.

Folgen wir Robert Joseph auf seinem Erkundungsgang.

EINFÜHRUNG

Jeder Weinliebhaber findet seinen eigenen Einstieg in die Welt des Weins. Meine erste Begegnung mit diesem faszinierenden Getränk hatte ich schon als Kind: Ich durfte von einem Château d'Yquem nippen – ein Erlebnis, dem noch eine Reihe weiterer, nicht minder winziger Schlucke von einigen der berühmtesten Roten aus Bordeaux folgten.

Für diese außergewöhnlich privilegierte önologische Erziehung sorgten die Kellner im englischen Landhotel meiner Eltern, in dem ich den Großteil meiner Kindheit verbrachte. Mario, Jean-Paul und Manuel hatten mein frühes Interesse an all den geheimnisvollen Essenzen erkannt, die die Erwachsenen zu genießen und sehr ernst zu nehmen schienen. Deshalb leerten sie gelegentlich die letzten Tropfen aus einer Flasche, die sie in einen Dekantierer gegossen oder die ein Kunde nicht ganz ausgetrunken hatte, in ein Glas und reichten es mir. Nicht selten handelte es sich dabei um einen Bordeaux. So lernte ich bald, diese Region mit faszinierenden, rätselhaften und gelegentlich auch abweisenden Geschmacksnuancen zu assoziieren. Manche erinnerten mich an kalten Tee und

hinterließen in meinem Mund ein Gefühl wie nach einer harten Gerade. Andere breiteten sich auf der Zunge üppig, fruchtig und auf eigentümliche Weise süß aus, obwohl ihnen jede Spur von Zucker fehlte. Und wiederum andere rochen nach einer Landschaft im Frühjahr oder Herbst, nach Holzrauch und Teer – oder auch nach dem Bauernhof am Ende der Straße.

Schon damals war mir klar, dass das Geheimnis all dieser Flaschen mit ihren hohen Schultern und geraden Seiten in ihrer Herkunft liegen musste. Sobald das Alter es zuließ, machte ich mich also mit einer Reihe von Büchern bewaffnet in einem Austin Mini zu einer Forschungsexpedition nach Frankreich auf. Sie begann an der Loire, führte mich über Burgund an die Rhône und klang mit einem langen Höhepunkt in Bordeaux aus. Ich weiß gar nicht mehr, was ich eigentlich zu entdecken hoffte. Natürlich standen da die Châteaux, deren Bilder ich auf etlichen Etiketten bewundert hatte – aber wie sahen die Weinberge um sie herum aus? Und was für Orte waren Bordeaux, St-Émilion und Pauillac? Ich erkundete zwar auf meiner ersten

Einige Glanzlichter aus Bordeaux: die Châteaux Montrose, Margaux, Latour, Mouton-Rothschild und Lafite-Rothschild im Médoc,
Pétrus in Pomerol und Haut-Brion in Pessac-Léognan.

Reise Anfang der 1970er-Jahre eine Woche lang so ziemlich jede Ecke der Region in meinem winzigen Gefährt, doch Bordeaux fand ich nicht. Dafür tat sich mir eine vielgestaltige Ansammlung aus zahlreichen unterschiedlichen Landschaften und Städten auf. Manche Reben wuchsen auf Flachland, andere standen an Hängen, wie ich sie bereits in Burgund gesehen hatte. Einige wenige hatte man sogar an Hügelflanken platziert, die fast so steil wie die Weinberge im Elsass und an der Rhône abfielen. Obendrein gab es Rebgärten an Flussufern – und selbst Parzellen, die zwischen Gehölzen kauerten. Der kostbare Boden, über den ich so viel gelesen hatte, variierte von feinem braunem Staub bis hin zu schmutzig weißem oder aschgrauem Kies; manche Weinstöcke standen sogar auf einem Untergrund, der mit glänzenden Edelsteinen bedeckt schien.

Nicht minder facettenreich präsentierten sich die Châteaux. Ich stand vor der unverhohlen majestätischen Pracht von Margaux und Château St-Georges in St-Georges-St-Émilion ebenso wie vor den mittelalterlichen Schlössern von Issan, Yquem und Lamarque oder den seltsam bescheidenen Bauernhäusern von Pomerol, in denen

Kreszenzen nach Art eines La Fleur de Gay entstehen. Die Stadt Bordeaux selbst erschien dem jungen Erwachsenen als unwirtlicher Ort, dessen Gebäude das architektonische Pendant zu wichtigen Männern in Geschäftsanzügen waren. Pauillac dagegen erinnerte mich an die verschlafenen Refugien, die ich mit den französischen Impressionisten verband. Die warmen Steinmauern und Ziegeldächer von St-Émilion wiederum sahen so aus, als seien sie direkt aus der Toskana hierher verfrachtet worden.

Ich bin seither unzählige Male in Bordeaux gewesen, habe neue und alte Weine verkostet, meine ersten Eindrücke korrigiert und meine lebenslange Suche nach der Region fortgesetzt. Selbst heute noch verirre ich mich immer wieder in den Weinbergen oder biege in den vielen Städten und Dörfern in die falsche Straße ein – nur um dort ein weiteres Teil für mein riesiges Bordeaux-Puzzle zu finden.

Die Arbeit an diesem Buch und die Zusammenarbeit mit einem so talentierten Fotografen wie Max Alexander war ein Vergnügen. Ich hoffe, Sie haben an den Bildern und Texten ebenso viel Freude!

Château Bonnet in Entre-Deux-Mers: ein strahlendes Schloss in einem nicht ganz so strahlenden Teil von Bordeaux, aus dem einige der verlässlichsten, preisgünstigsten Tropfen der Region stammen.

ÜBER BORDEAUX

Bordeaux ist eine Chimäre: Stadt und Region zugleich, ein Weinbaugebiet mit zahlreichen Kiefernwäldern, Sandstränden und Buschland, eine Ansammlung von 8000 Wein erzeugenden »Châteaux«, die bisweilen kaum als Bauernhaus durchgehen, eine jährlich wiederkehrende Weinflut, in der das gesamte Spektrum von haarsträubend bis himmlisch vertreten ist. Das alles ist Bordeaux – und noch viel mehr. Die Elemente separat zu betrachten hieße, einen Fleckenteppich in seine Grundbestandteile aufzutrennen. Wenn man nicht zumindest eine flüchtige Ahnung von den Örtlichkeiten und der Entwicklung der Region hat, wird einem ihr Wein nicht ganz so viel sagen, sei er auch noch so ein Genuss. Und natürlich wäre der Name Bordeaux ohne den Wein nie weltberühmt geworden.

Eine Schlüsselrolle spielt die Geographie. Bordeaux liegt fast exakt zwischen Nordpol und Äquator – genau genommen etwas südlich des 45. Breitengrades auf der Höhe von Halifax in Nova Scotia. Im Gegensatz zu der kanadischen Stadt profitiert die Region aber vom Schutz der Wälder und der Wärme des Golfstroms, die aus dem relativ nördlich gelegenen Landstrich ein Gebiet mit ungewöhnlich mildem Klima machen. Das Herz der Region, ja, ihre *raison d'être* schlechthin, bildet die Gironde. Der Name

des Meeresarms ist von dem französischen Wort für »Schwalbe«, *hirondelle*, abgeleitet. In die Gironde ergießen sich zahlreiche Flüsse. An einem von ihnen, der Garonne, ist rund 100 km landeinwärts die Stadt Bordeaux entstanden.

Das Klima behagte nicht nur den Menschen, sondern tat auch den Reben gut. Die heiklen Gewächse schätzten vor allem den Boden, der vor 69 Millionen Jahren hierher geschwemmt wurde, als sich die Pyrenäen aus dem Meer erhoben. Mit Ausnahme der Champagne, deren Klima alles andere als freundlich ist, hat keine Weingegend Frankreichs die Berühmtheit des Bordelais erreicht.

Die Ersten, die Bordeaux den Weg zum Ruhm ebneten, waren die Bituriger, die selbsternannten Könige *(riges)* der Welt *(bitu)*. Im 5. Jahrhundert v. Chr. verließ der Volksstamm die Gegend um das heutige Bourges und zog nach Süden. Die Garonne war damals der Sueskanal der Bronzezeit, eine Verbindung zwischen dem Atlantik und dem Mittelmeer, also dem Norden und Süden der bekannten Welt. Statt die ganze iberische Halbinsel in Booten zu umrunden, konnte man den Fluss in südöstlicher Richtung fast bis Toulouse befahren und nach einem kurzen Überlandmarsch auf dem Aude weiter bis zur Mittelmeerküste

ATLANTISCHER OZEAN

Gironde

MÉDOC

HAUT-MÉDOC

Étang d'Hourtin

Étang de Carcans

Étang de Lacanau

N

km 0   5   10   15   20   25

Meilen 0   5   10   15

**ÜBERSICHT ÜBER DIE
KARTEN IN DIESEM BUCH**

☐ MÉDOC (siehe S. 33)

☐ PESSAC-LÉOGNAN,
GRAVES, SAUTERNES UND
BARSAC (siehe S. 55)

☐ ENTRE-DEUX-MERS
(siehe S. 80)

☐ ST-ÉMILION, POMEROL,
SATELLITEN, BOURG UND
BLAYE (1siehe S. 99)

13

LESPARRE-MÉDOC

ST-ESTÈPHE

PAUILLAC

ST-JULIEN

BLAYE

**MOULIS-EN-
MÉDOC**

**LISTRAC-
MÉDOC**

MARGAUX

BOURG

**LALANDE DE
POMEROL**

FRONSAC

POMEROL

LIBOURNE

Dordogne

ST ÉMILION

**CASTILLON-
LA-
BATAILLE**

BORDEAUX

**PESSAC-LÉO-
GNAN**

ENTRE-DEUX-MERS

PREMIÈRES CÔTES DE
BORDEAUX

GRAVES

Garonne

CADILLAC

BARSAC

ARCACHON

LANGON

SAUTERNES

14

vorstoßen. Die Bituriger mussten lediglich Zölle von den Reisenden verlangen – und schon waren sie gemachte Leute. Mithilfe der Römer avancierte die damals noch Burdigala genannte Stadt zu einem künstlerischen, kulturellen und wirtschaftlichen Drehkreuz.

Dank dieses frühen Erfolgs im Weinbau schwang sich der nahe gelegene Flusshafen Libourne zu einem Rivalen von Bordeaux auf. Die Rivalität zwischen dem »rechten Ufer« mit St-Émilion und Pomerol und dem vom Médoc und Graves gebildeten »linken Ufer« gab es wohl schon

Wie in den anderen Kolonien versuchten sich die Römer den teuren Antransport der Weine aus Italien zu sparen und ihren Rebensaft vor Ort selbst zu erzeugen. Am besten gedieh eine Sorte aus Albanien, die ursprünglich Balisca hieß, von den Biturigern aber stolz in Biturica umbenannt wurde. Ihre Eignung stellte diese Urahnin von Cabernet franc und Cabernet Sauvignon erstmals an den Hängen von St-Emilion jenseits des Schwesterflusses der Garonne, der Dordogne, unter Beweis.

Ein Loblied auf ihre Weine sang schon im 4. Jahrhundert n. Chr. der römische Dichter Ausonius, der auch als Gouverneur von Gallien und Erzieher des späteren Kaisers Gratian in die Geschichte einging. Seine Villa stand vermutlich dort, wo sich heute die winzige Rebfläche von Château Ausone erstreckt.

damals in Ansätzen. Durch die Heirat von Eleonore von Aquitanien mit Henry Plantagenet, dem späteren Heinrich II. von England, im Jahr 1152 fiel Bordeaux unter fremde Herrschaft. Vier Jahrzehnte später ließ sich Richard Löwenherz, Heinrichs Nachfolger auf dem Thron, hier nieder. Die Bordelaiser Weine profitierten nun von den technischen Fortschritten der damaligen Epoche. Als 1307 Eduard II., in London heiratete, konsumierten die Hochzeitsgäste über eine Million Flaschen Wein. Trotzdem blieben für Hof und Bevölkerung noch 48 Millionen Bouteillen für den Rest des Jahres – sechs pro Kopf.

Noch eine ganze Reihe weiterer Außenseiter kurbelten das Exportgeschäft in Bordeaux an – in erster Linie Händler aus Holland, Irland, England und Deutschland. Der erste Markenwein der Region aber war die Schöpfung eines unternehmungsfreudigen Franzosen namens Arnaud de Pontac: Er begann Mitte des 17. Jahrhunderts, Erzeugnisse aus dem Château Haut-Brion in England zu vermarkten. Auf sie wurde unter anderem auch der Chronist Samuel Pepys aufmerksam. Der Erfolg der Tropfen aus

»Pflanzmanie«, mit damit einher gehender Trinklust, dass der König 1725 per Dekret das Anlegen weiterer Rebflächen untersagte.

15

Auch guter Weißer entstand hier, wie der junge US-Diplomat Thomas Jefferson 1787 bei einem Besuch in »Grave« und »Sauterne« feststellte.

Graves südlich von Bordeaux brachte auch für Güter wie Lafite und Margaux im nördlich gelegenen Médoc Vorteile. Dabei waren ihre Weingärten gänzlich untypisch für die Region, schließlich erstreckten sie sich auf Kies inmitten von Sumpfland, *palus*, das kaum für die landwirtschaftliche Nutzung taugte. Da es keine Straßen gab, musste der Rebensaft auf dem Wasserweg transportiert werden; meist geschah das über die Flusshäfen von Margaux, St-Julien, St-Estèphe und vor allem Pauillac – Dörfer, die alle einmal für ihre Weine berühmt werden sollten.

Beflügelt durch den Erfolg der ersten Médoc-Güter, machte sich im 17. Jahrhundert ein Trupp Niederländer an die Trockenlegung der Sümpfe. Sie zogen Entwässerungsgräben, *jalles*, die noch heute die einzelnen Weinbaugemeinden trennen. Es folgte eine solche *fureur de planter*,

Umgehend orderte er zehn Dutzend Flaschen für sich und noch 30 Dutzend für George Washington. Weißer Bordeaux war zwar traditionell trocken, dank der Begeisterung niederländischer Spätlesengenießer indes entstand ein Markt für Sauternes, Barsac, Cadillac und Ste-Croix-du-Mont.

Die Französische Revolution forderte in der Region überraschend wenig Opfer, sieht man einmal vom unglücklichen Besitzer von Château Lafite ab, der exekutiert wurde, und dem großartigen Château Trompette, das dem Erdboden gleichgemacht wurde. Die Revolutionäre hatten es vor allem auf den Klerus abgesehen, der im Bordelaiser

Gegenüber: der Eingang zum chai von Château Margaux, den Touristen nur selten zu Gesicht bekommen. Oben: Selbst Weinprofis wissen oft nicht, dass das Gut seine Fässer selbst herstellt und repariert.

Bordeaux ist in erster Linie für Wein berühmt, doch verdient auch seine Meeresküche Beachtung. In Arcachon, dem bevorzugten Strandbad der Bordelaiser, werden Austern in riesigen Farmen gezüchtet.

Weinbau weit weniger präsent war als in Burgund. Und auch die Besitzer der Schlösser waren nur selten adelig genug, um sich den Zorn der Umstürzler zuzuziehen.

Damals befand sich Bordeaux in der Hand der Zwischenhändler und Kaufleute, für die Wein im Grund eine ebensolche Ware war wie für ihre heutigen Kollegen Schweinefleisch. Sie kauften Jahrgänge als »Futures« ein, um einen Begriff aus dem modernen Aktiengeschäft aufzugreifen, also noch während die Trauben am Stock hingen – manchmal sogar Jahre im Voraus. Um etwas Ordnung ins Spiel zu bringen und herauszufinden, welche Güter als »Blue Chips« gehandelt werden konnten, erstellten die Kaufleute inoffizielle Tabellen. Dabei orientierten sie sich an den Preisen, die die jeweiligen Châteaux erzielten. Als eine dieser Ranglisten auf der Weltausstellung 1855 zur offiziellen Klassifizierung erklärt wurde, schlug die Stunde Null. Die besten »Gewächse« des Médoc – und Haut-Brion in Graves – wurden in fünf Güteklassen eingeteilt. Und dabei ist es seltsamerweise bis heute geblieben. Mit einer Ausnahme: Château Mouton-Rothschild stieg vom Deuxième cru zum Premier cru auf.

Auch Sauternes wurde 1855 klassifiziert, bekam aber – eine nicht minder rätselhafte Entscheidung – mehr »erste Gewächse« als das Médoc und Graves zusammen. Das übrige Bordelais hingegen musste ohne Rangordnung auskommen. Über die Jahre versuchte man dieses Versäumnis auf fast absichtlich unkoordinierte Weise auszubügeln, was zusammen mit der Einführung des wirren Systems der *appellation d'origine contrôlée* unter Weinfreunden für gründliche Verwirrung sorgte.

Das ganze Durcheinander kam einem Bereich von Bordeaux gerade recht: Pomerol. Das Anbaugebiet galt von jeher als Verlängerung von St-Émilion, war aber nie klassifiziert worden. In der ersten Hälfte des 20. Jahrhunderts begannen sich belgische Kaufleute und Weingenießer mit einem Mal für Kreszenzen von Gütern wie Vieux-Château-Certan und Pétrus zu interessieren. Als es mit der Qualität der Weine immer weiter bergauf ging, was zum Teil den Bemühungen des örtlichen *négociant* Jean-Pierre Moueix und des önologischen Beraters Michel Rolland zu verdanken war, gewannen die köstlich gehaltvollen, obstkuchenartigen Merlot-Weine aus Pomerol in den Vereinigten Staaten eine begeisterte Anhängerschaft. Die neue Fangemeinde erstand mit Vorliebe Tropfen von kleinen Betrieben. Statt sich nach offiziellen Klassifizierungen zu richten, ließen sie sich von den Ratschlägen der Weinhändler und den Bewertungen von Robert Parker leiten. Mit dem internationalen Erfolg dieser Weine wurde die neueste Phase in der Entwicklung von Bordeaux eingeläutet. Zum ersten Mal seit fast zwei Jahrhunderten entstand in der ganzen Region eine nicht unwesentliche Zahl neuer Châteaux wie Le Pin, Valandraud und Marojallia.

KAPITEL EINS

DIE STADT BORDEAUX

Bordeaux ist das Mekka der Weinwelt geblieben, auch wenn im 20. Jahrhundert in vielen Ländern große Anbauregionen entstanden sind. Seit über zweitausend Jahren dient die Stadt nun schon als Umschlagplatz für das kostbare Getränk – und nach wie vor strömen alljährlich Händler und Kritiker herbei, um die neuesten Jahrgänge zu verkosten und zu beurteilen. Nur allzu oft übersehen die Besucher jedoch in ihrer Hast, dass die Stadt eine lebendige Geschichte zu bieten hat. Man stößt darauf in praktisch jedem Winkel der faszinierenden Weinmetropole.

Oben: Tastet et Lawton sind die ältesten Bordelaiser courtiers, Weinmakler. Gegenüber: Der Pont de Pierre bildet das Bindeglied zwischen Bordeaux an der Garonne und St-Émilion sowie Pomerol jenseits der Dordogne.

Vor 800 Jahren kannte man Bordeaux als *Port de la Lune* – als Hafen, dessen Fluss sich wie die Sichel des Mondes krümmt. Beim Anblick der vielen Boote, die vor der Kulisse aristokratischer Herrenhäuser am Kai auf und ab schaukelten, fühlte sich Victor Hugo an eine Mischung aus Versailles und Antwerpen erinnert. Paris sähe wohl heute wie Bordeaux aus, wenn die Briten bei der Gestaltung der Hauptstadt ein Wörtchen mitzureden gehabt hätten: Die Bordelaiser zeigen durchaus, was sie haben, hegen allerdings eine tiefe Abneigung gegen Blattgold und Zierrat.

Das Stadtbild – in der Weinsprache würde man es mit Strenge und Eleganz umschreiben – verdankt Bordeaux zum Großteil den *intendants*. Den Vertretern der französischen Krone war im 17. und 18. Jahrhundert sehr daran gelegen, mit dem »Wirrwarr aus hässlichen Häusern« aufzuräumen und ein Netz aus Straßen, breiten Boulevards und nicht übersehbaren architektonischen Akzenten wie

der makellos proportionierten Place de la Bourse und der Place du Parlement anzulegen. Zum Glück blieb in Bordeaux ein alter Stadtrest erhalten, so wie das Marais in Paris der Abrisswut entgangen ist. Das Viertel liegt in der Fußgängerzone und enthält mit der reich verzierten Porte de la Grosse Cloche aus dem 15. Jahrhundert ein ehemaliges Stadttor, in das das außergewöhnliche Kirchlein St-Élois hineingebaut wurde. Der Blick nach oben streift einen Leoparden, eines der mittelalterlichen Embleme der Engländer, welches noch über 600 Jahre nach ihrer Vertreibung den Turm ziert.

Die Römer hinterließen weit weniger Spuren. Denn obwohl sie einen über 2 km langen und 10 m hohen Schutzwall bauten, wurde das von ihnen errichtete »Miniatur-Rom« nacheinander von Vandalen, Westgoten, Mauren, Karolingern und Normannen überrannt und fast vollständig zerstört. So ist auch kaum noch etwas vom Palacium Galiena übrig, einem Amphitheater, das nach dem

21

Gegenüber: Das steinerne Antlitz von Neptun über einer Tür in den Allées de Tourny, Hausnummer 24.
Es verweist wie viele weitere Bildnisse dieser Art auf die eng mit der Seefahrt verknüpfte Geschichte der Stadt.
Oben: Vor fünf Jahrhunderten war die Grosse Cloche noch ein Torturm der damals ummauerten Stadt.

268 n. Chr. ermordeten Kaiser Gallien benannt wurde und 15 000 bis 25 000 Menschen fasste. Die Ruinenbögen lassen den modernen Betrachter weitgehend kalt – ganz im Gegensatz zu der eindringlichen römischen Bronzestatue des bärtigen Herkules, die den Besucher im Musée d'Aquitaine begrüßt.

Die verwüsteten Überreste von Tempeln, Säulengängen und Foren aus der Römerzeit sind nicht die einzigen architektonischen Geister in Bordeaux. An der Flussbie-

gung stand einst eine mächtige Festung namens Château Trompette, die Ludwig XIV. als Symbol seiner Macht und als Mahnmal für die Bevölkerung nach einer Rebellion im Jahr 1675 errichten ließ. Ein gutes Jahrhundert später kam es in Paris zu einer weiteren, diesmal weit größeren Revolte, bei der ein anderer Ludwig entmachtet wurde, woraufhin man das symbolische Bauwerk schleifte. Übrig blieben 12 ha unbebauter Fläche, auf der man 1818 die Esplanade des Quinconces anlegte, einen der größten

Gegenüber: die elegante, meist sehr belebte Place du Parlement. Oben: die Ruinen des römischen Palacium Galiena,
in dem einst drei Fünftel der Bevölkerung von Bordeaux Platz fanden.

offenen Plätze in Europa. Sein Name ist vom Lateinischen *quincunx* abgeleitet und bezieht sich auf die dort gepflanzten Baumquadrate mit jeweils fünf Bäumen an jeder Seite. Leider lässt sich dieser gärtnerische Einfall nicht mehr so recht genießen, denn ein großer Teil der Esplanade dient heute als Parkzone für den Götzen Auto.

An einem Ende des Platzes mit Blick auf den Fluss stehen zwei Säulen mit in Stein gehauenen Ankern, Sternen und Schiffskielen als Ornamenten. Für die von Atlantikreisen heimkehrenden Schiffe müssen sie ein willkommener Anblick gewesen sein. Als Landmarke dürfte den Navigatoren aber eher die Kirche St-Michel gedient haben, die etwas näher an der Flussmündung liegt. Die durchbrochene Spitze ihres Turms ragt 148 m in die Höhe und ist von mehreren kleineren Türmchen umgeben, die im örtlichen Dialekt einst *los filholes deu cloquey* genannt wurden, »die Mädchen des Glockenturms«. Es hieß, wenn ein Wachtposten von seinem Ausguck aus das Kreuz auf der Turmspitze erspähte, waren die Seeleute glücklich. Denn sobald er die »Mädchen« sehen konnte, wussten die Matrosen, dass sie die Fährnisse des Mündungsarms überwunden hatten und in Sicherheit waren.

Links: die großartige Treppe des Weingeschäfts L'Intendant.
Gegenüber: Die Brunnen des Monument aux Girondins erinnern an die Bordelaiser Opfer der Französischen Revolution.

Gegenüber: Der Saal des Grand Théâtre gehört zu den schönsten seiner Art in ganz Frankreich. Oben: die Figuren auf dem Dach des Theaters —
einmal aus der Nähe besehen. Im Hintergrund ist die geflügelte Freiheit auf dem Monument aux Girondins zu erkennen.

Am anderen Ende der Esplanade ragt das Monument aux Girondins empor. Die geflügelte Freiheitsstatue steht auf einer Steinsäule und wirft mit dramatischer Geste ihre Ketten ab. Ein Bordelaiser Spaßvogel beschrieb sie einmal recht treffend als Briefbeschwerer auf einem Kerzenhalter. Am Fuß der Säule befinden sich zwei Brunnen mit einer Bronzegruppe aus Menschen und scheuenden Pferden. Die Tiere verkörpern nicht nur Freiheit, Gleichheit und Brüderlichkeit, sondern auch Ordnung, Arbeit, Handel, Industrie, die Wissenschaften, die Künste, Frieden, Tugend, Glück und den Sieg der Concorde sowie

der Republik. Seinen Namen verdankt das Monument den Girondisten, die nach der Revolution für kurze Zeit die stärkste Partei waren. Im Oktober 1793 allerdings bezahlten 22 führende Girondisten ihre gemäßigte Haltung in jenen von Blutdurst geprägten Tagen mit dem Gang zum Schafott.

Die Brunnen, die sich im Flut- und Mondlicht von ihrer besten Seite zeigen, sind heute zum Wahrzeichen der Stadt geworden. Dabei waren sie nach dem Zweiten Weltkrieg 40 Jahre lang verschwunden: Die deutschen Besatzer hatten sie entwendet, um Waffen daraus zu gießen. Die

28

Einweihung der Nachbildungen vor einiger Zeit war einer der bewegendsten Augenblicke in der Stadtgeschichte.

Südlich des Brunnens steht ganz in der Nähe der keilförmigen Maison du Vin das eindrucksvollste architektonische Juwel von Bordeaux und eines der schönsten neoklassizistischen Theater in ganz Frankreich. Die Fassade des von Victor Louis im ausgehenden 18. Jahrhundert errichteten und vor kurzem restaurierten Grand Théâtre setzt sich aus zwölf Säulen zusammen. Über ihnen stehen ebenso viele in Togen gewandte Statuen; um sie genauer betrachten zu können, braucht man allerdings ein Fernglas. Im Inneren empfängt den Besucher eine für Bordeaux unübliche Pracht in Form von Vergoldungen und üppigem Dekor am Ende der Treppe, im Auditorium und im großen Saal, in dem aufwändige Verkostungen und Festmahle stattfinden.

Von links nach rechts: das Restaurant La Tupina, eine beliebte Anlaufstelle von Winzern und Besuchern der Stadt — ein alter Laden in der nach dem römischen Dichter Ausonius benannten Straße — Flohmarkt bei der Kirche St-Michel, wo Trödel aus aller Welt neben Antiquitäten der Gegend feilgeboten wird — traditioneller Türklopfer am Eingang zum Büro eines négociant.

Die *négociants*, die diese Feierlichkeiten ausrichten, arbeiteten und lebten früher etwas weiter flussabwärts am Quai des Chartrons. Er ist nach den Kartäusermönchen benannt, die hier im Hundertjährigen Krieg direkt vor der Stadtmauer Zuflucht fanden. Auch die Kaufleute, die sich nach ihnen am Kai niederließen, waren in gewisser Hinsicht Asylsuchende. Sie stammten oft aus anderen Ländern und mussten vor den Toren bleiben, da sie in der Stadt von Gesetzes wegen ihrem Beruf nicht nachgehen durften. Im Lauf der Jahrhunderte entwickelten sich die imposanten Steingebäude am Quai zum Zentrum des Weinhandels. In ihnen schlossen die Chartronnais, die »Aristokraten des Korkens«, ihre Geschäfte ab und füllten damit die Fässer auf den vielen hundert Pferdefuhrwerken und Segelschiffen, die noch vor hundert Jahren Tag für Tag lange Reihen bildeten. Die meisten *négociants* sind mittlerweile in eine Umgebung gezogen, die Geschäftsleuten des 21. Jahrhunderts besser ansteht. Einige wenige aber findet man nach wie vor hinter Holztüren mit unauffälligen Messingschildern. Und sie alle begegnen sich auf der *Place de Bordeaux*, wo die Preise für Weine jedes Jahrgangs und Guts Tag für Tag aufs Neue festgelegt werden. Besucher der Stadt zücken oft vergeblich ihre Stadtkarten, wenn sie von der *Place* hören – es hat sie nie gegeben.

KAPITEL ZWEI

DAS MÉDOC

Zweifellos erblicken in St-Émilion, Pomerol und Pessac-Léognan einige der exquisitesten Bordeaux-Kreszenzen das Licht der Welt. In keiner dieser Anbauzonen aber stehen auch nur annähernd so viele Spitzengüter wie im Médoc. Wenn dieses Anbaugebiet ein Film wäre, dann jene Art von Leinwand-epos, in dem die ganz Großen des Kintopp eine Kostprobe ihres Könnens geben. Doch das Médoc hat noch mehr zu bieten: Es stehen viele unbekanntere Tropfen – und Orte – zur Entdeckung an.

Oben: Glänzender Überzug aus Morgentau auf den Cabernet-Sauvignon-Trauben von Château Meyney in St-Estèphe.
Gegenüber: Fleckenteppich aus Cabernet-Sauvignon-, Cabernet-franc- und Merlot-Weinbergen in St-Julien und Pauillac.

Von links oben im Uhrzeigersinn: Château Lanessan, eine Quelle guter, traditioneller, preisgünstiger Weine – in Langoa-Barton entstehen sowohl eigene Weine als auch die des hochkarätigeren Château Léoville-Barton – Pichon-Longueville-Baron, ein Herrenhaus von klassischer Schönheit, dessen Tropfen derzeit eine Renaissance erleben – Lafite, einer der nördlichsten Außenposten von Pauillac, mit Zierteich im Vordergrund.

Die Fahrt entlang der D2, der *route des vins*, ist wie eine Reise durch eine dreidimensionale Weinliste. Jeder, der mehr als nur ein beiläufiges Interesse für Wein hat, muss sich beim Anblick von Châteaux wie Margaux und Latour wie ein Kinofan in Hollywood fühlen. Bei manchen indes ist vielleicht auch etwas Enttäuschung dabei. Die beschaulichen Städtchen, Wälder und bisweilen kaum sichtbaren Weingärten bilden eine überraschend unspektakuläre Kulisse für die großen Gutshäuser. Wie die anfangs oft harschen, abweisenden Weine des Médoc erfordert auch der Landstrich Geduld – und die Bereitschaft, hinter das Offensichtliche und in die Vergangenheit zu blicken.

Der Landkeil verdankt seinen Namen dem Keltenstamm Meduli. Lange Zeit war das Médoc einfach nur der nördliche Teil von Graves, ein Gebiet, das Bordeaux umschloss und sich südlich der Stadt die Garonne entlangzog. Überhaupt bestand bis ins 17. Jahrhundert hinein wenig Anlass, an die Region auch nur einen Gedanken zu verschwenden. Sie war ein viel zu unwirtliches Terrain aus Wäldern, Sümpfen und 50 000 ha wandernden Dünen, deren Sand bisweilen bis nach Bordeaux geweht wurde und 1744 sogar die Kirche von Soulac an der Westküste füllte. Auch Seen gab es; sie änderten ihre Größe und Form je nach der Menge der winterlichen Niederschläge und der Verdunstungsrate in den Sommermonaten. Gelegentlich bildeten sich sogar Inseln – kleine, kiesbedeckte Ton-,

CHÂTEAUX
1 La Tour-Haut-Caussan
2 Loudenne
3 Potensac
4 Calon-Ségur
5 de Pez
6 Montrose
7 Marbuzet
8 Cos d'Estournel
9 Lafite-Rothschild
10 Mouton-Rothschild
11 Pichon-Longueville-Baron
12 Pichon-Comtesse-Lalande
13 Latour
14 Léoville-Lascases
15 Léoville-Poyferré
16 Léoville-Barton
17 Ducru-Beaucaillou
18 Gruaud-Larose
19 Lascombes
20 Margaux
21 Durfort-Vivens
22 Palmer
23 Rauzan-Gassies
24 Rauzan-Ségla
25 Brane-Cantenac

34

Schlamm- und Sandflecken, die in einem Jahr entstanden und im nächsten schon wieder verschwanden. Die Bewohner des Médoc fristeten zumeist ein erbärmliches Dasein in winzigen Dörfern, die nur durch mühsam ausgehobene Gräben vor den Sümpfen geschützt wurden; die Gironde war ihr einziger Verkehrsweg. Das im 13. Jahrhundert entstandene St-Estèphe-Gut Calon-Ségur wurde vermutlich nach den *calones* benannt, den Booten, mit denen man Holz auf dem Meeresarm transportierte. Für die Einheimischen war dieses Gewässer so lebensnotwendig wie für die amerikanischen Siedler die Eisenbahn. Der im 16. Jahrhundert errichtete Leuchtturm Phare de Cordouan an der Nordspitze des Médoc hatte etwas vom kathedralenartigen Flair eines großen Bahnhofs. Das von Heinrich IV. persönlich geplante, reich verzierte Bauwerk enthielt sogar eine Kapelle mit der Inschrift *Un Dieu, une Foy, une Loy* – »ein Gott, ein Glaube, ein Gesetz«.

Natürlich drohten von der Gironde auch Fluten und andere Gefahren. Der Turm von La Tor, der im 14. Jahrhundert entstandenen Festung, aus der später das Château Latour hervorging, war ein Beobachtungsposten, um anrückende Piraten wie jenen Blanquet zu erspähen, dessen Festnahme 1617 weithin gefeiert wurde. Überhaupt war die Gironde bis 1770 größtenteils nicht auf Karten erfasst; die Schiffe mussten mithilfe von Loten navigieren und sich an den gelegentlichen Landmarken entlang der Ufer orientieren. Noch 1787 forderten die Flusslotsen endlich Bojen zur Markierung der zahlreichen Wracks auf dem Grund. Dörfer und Städte, unter anderem auch St-Estèphe, Pauillac, St-Julien und Margaux entstanden dort, wo Boote und Schiffe ihre Waren sicher be- und entladen konnten. Zum wichtigsten Ort entwickelte sich Pauillac dank seines natürlichen Tiefwasserhafens. Der Hafen von Margaux dagegen verschlammte und wurde zu seicht.

In der Regel baute man die Reben zwischen anderen Feldfrüchten an, doch gab es auch bereits einige richtige Weinberge. In der Nähe von Château Beaumont wurden Reben schon im 10. Jahrhundert kultiviert. Der Wein, der zu Beginn der englischen Besatzung bei der Hochzeit von Henry Plantagenet und Eleonore von Aquitanien im Jahr 1152 getrunken und noch 302 Jahre später von den besiegten englischen Truppen mit nach Hause genommen wurde, stammte der Legende zufolge vom Château d'Issan in Margaux. Mitte des 16. Jahrhunderts bauten die Châteaux Giscours und Chasse-Spleen nachweislich Wein an. Und 1575 erzeugte Cantemerle drei *tonneaux* – das entspricht

Gegenüber: Weinberg im Herbstkleid, vom Château Léoville-Poyferré in St-Julien aus gesehen. Der Boden hier gibt den Weinen Zedern- und Johannisbeernoten mit auf den Weg, durch die sie sich von ihren Gegenstücken aus Margaux und Pauillac unterscheiden.

3000 Kisten und damit der Jahrespro-
duktion eines kleinen Pomerol-Guts von
heute. Die Weinberge lagen alle oberhalb
der Sümpfe auf dem Kies, den das Meer
vor 12 000 Jahren hinterlassen hatte.
Diese steinigen Areale – von den Einheimischen *fite*, *brion*, *tertre* und *caux* oder
cos genannt – haben einer ganzen Reihe
von Châteaux wie Lafite, Haut-Brion, du
Tertre und Cos d'Estournel den Namen
gegeben. Selbst Mouton-Rothschild soll
nach dem *motte*, der Scholle, auf der das
Gut steht, benannt worden sein, und
nicht nach den *moutons*, den Schafen, die
später in Pauillac überwinterten.

Dennoch waren Weingüter die Ausnahme. Nur wenige
der blaublütigen Besitzer – die *noblesse d'épée*, der
»Schwertadel« – konnten sich die Bewirtschaftung von
Rebgärten leisten. Es gab auch kaum für Weinstöcke geeig-
netes Land. Vor allem aber sah man wenig Sinn darin, Trauben anzubauen. Das änderte sich im 17. Jahrhundert, als ein
kleiner Trupp hochspezialisierter *déssicateurs*, Trockenle-

gungsingenieure aus den Niederlanden,
anrückte. Sie waren von einem Engländer
namens Humphrey Bradley engagiert
worden, dem wiederum Heinrich IV. den
wertvollen Auftrag erteilt hatte, Sumpfland in ganz Frankreich nutzbar zu machen. Selbst nach 400 Jahren sind die *jalles* noch in Gebrauch. Welche Bedeutung
sie haben, zeigt sich darin, dass sich die
neuen Besitzer des Château Margaux
Ende der 1970er-Jahre als Erstes daran
machten, die alten Gräben zu entwässern
und zu säubern. Mit der Veränderung der
Landschaft im Médoc legten die *déssica-
teurs* gleichzeitig den Grundstock für den modernen Weinhandel. Die Kosten für die Trockenlegung wurden entweder von den Niederländern selbst oder von Händlern und
geschäftstüchtigen Bordelaiser Anwälten und Parlamenta-
riern getragen. Die *noblesse de robe*, der »Amtsadel«, war –
wie dreieinhalb Jahrhunderte später die kalifornischen
Weinbaupioniere im Napa Valley – gern bereit, sein Geld in
ein solch neues, viel versprechendes Projekt zu stecken.

*Gegensätze: die Kirche des verschlafenen Dorfs Moulis-en-Médoc (gegenüber), die wegen ihrer Steinkapitelle einen Besuch
wert ist – und der stolze, vergoldete Stern über dem Château Mouton-Rothschild (oben), das als einziges Gut in der Médoc-Hierarchie
von 1855 vom Deuxième zum Premier cru aufstieg.*

38

Zu diesen wagemutigen Geistern gehörten unter anderem Pierre de Leston-nac, der in den 1570er-Jahren Château Margaux gründete, und das Vater-Sohn-Gespann Arnaud und Denis de Mullet, das wenig später das Weinberg-Portfolio des heutigen Château Latour zusammenstellte. 1638 gründete ihr Nachbar ein Gut, das einhundert Jahre später den Namen seines Besitzers Monsieur Léoville bekam. Wenige Jahrzehnte darauf überließ Pierre de Rauzan, Verwalter auf Schloss Latour, seinen Söhnen Rebgärten in der Nähe von Château Margaux, die heute das Gutsland von Rauzan-Ségla und Rauzan-Gassies bilden. Pierres Tochter Thérèse wiederum erhielt ein Areal, das nach ihrem Gatten Jacques de Pichon benannt wurde und aus dem die Châteaux Pichon-Longue-ville-Baron und Pichon-Comtesse-Lalande hervorgingen. Ende des 17. Jahrhunderts hatten also viele Spitzengüter des Médoc bereits den Betrieb aufgenommen oder standen kurz davor.

Arnaud de Pontac, der berühmte Gründer von Haut-Brion in Graves (siehe S. 57-58), drückte dem Médoc seinen Stempel auf, indem er einen Verschnitt namens Pontac aus den Weinbergen des heutigen Château de Pez in St-Estèphe und von Rebflächen in der Nähe von Bordeaux zusammenstellte. Wie ein geschäftstüchtiger Unternehmer des 20. Jahrhunderts hatte er damit nicht nur den ersten Markenwein der Welt erfunden, er übernahm auch gleich seinen Verkauf. Als sich London 1666 nach dem großen Brand noch mitten im Aufbau befand, schickte er seinen Sohn François-Auguste in die englische Metropole, damit dieser dort in einer Taverne namens Pontack's Head unweit des Gerichtshofs Old Bailey ein Esslokal einrichtete – das vermutlich erste Restaurant der Stadt. 1677 bezeichnete der englische Philosoph John Locke den Pontac als »besten Wein von Bordeaux«, beklagte sich aber gleichzeitig über die »irrsinnige Nachfrage« seiner Landsleute nach dem Tropfen, die

Die jalle von Château Beychevelle, die überschüssiges Wasser zur Gironde leitet. Solche Entwässerungsgräben gibt es im Médoc zuhauf.
Bevor niederländische Ingenieure sie anlegten, war das Gebiet größtenteils Sumpfland.

eine Verdoppelung des Preises nach sich gezogen habe. Drei Jahrhunderte später führte ein Run auf die hochgelobten Erzeugnisse von Le Pin in Pomerol oder Screaming Eagle im Napa Valley zu einer ähnlichen Preisexplosion.

Der nächste berühmte Gründervater im Médoc war Nicolas-Alexandre, der Marquis de Ségur, der von einer ganzen Reihe einträglicher Eheschließungen profitierte. Seine Großmutter hatte als Mitgift Château Lafite mit in die Ehe gebracht, Château Latour stammte aus der Familie seiner Mutter und er selbst hatte sich sein Lieblingsgut Calon-Ségur erheiratet. Seinen Spitzenamen »Prinz der Reben« prägte angeblich Ludwig XV. höchstpersönlich, als der Marquis ihm eröffnete, seine diamantartigen Wamsknöpfe seien polierte Quarzkiesel aus einem Weinberg.

Nicolas-Alexandre kannte seine Rebhänge gut genug, um zu wissen, dass ein signifikanter Unterschied zwischen den Böden von Lafite und denen des angrenzenden Grundstücks bestand, das heute dem Château Mouton-Rothschild gehört. Diesen Besitz verkaufte er an den Baron Joseph de Brane, dessen Nachfolger Hector – genannt »Napoleon der Reben« – aus dem damaligen Gut Brane-Mouton im 19. Jahrhundert einen echten Rivalen von Lafite, Latour und Margaux machte. De Ségur starb 1755 als einer der reichsten Männer Frankreichs. Nicht ganz drei Jahrzehnte später musste sein lasterhafter Neffe Nicolas-Marie-Alexandre das Land fluchtartig verlassen und Lafite

verkaufen, um seine Schulden zu bezahlen. 1786 ging das Château in den Besitz eines hochrangigen Politikers namens Pichard über, der es ganze sechs Jahre lang genießen konnte, bevor das Fallbeil der Französischen Revolution seinem Dasein ein Ende setzte.

Auch andere berühmte Güter bekamen die Wirren der Zeit zu spüren, wie Château Margaux, das vom Staat konfisziert wurde. Den Kleinadel und die Händler im Médoc aber ließen die Aufständischen im Gegensatz zum Klerus, der über Burgund herrschte, weitgehend unbehelligt. Zwar verteilte man die Weinberge unter den Bauern der Gegend, doch die Châteaux wurden entweder an reiche Interessenten verkauft oder blieben bei ihren Besitzern, wie etwa Lynch-Bages oder Léoville-Barton, da sie ausländischen Kaufleuten gehörten.

Während diese und andere Güter im Médoc sich gegenseitig an Verkaufserfolgen und Prestige zu übertrumpfen suchten, begannen die Weinhändler von Bordeaux zunächst wie Börsenmakler inoffizielle Rangordnungen der Châteaux zu erstellen. 1855 meißelte man eine dieser Listen in Stein, nachdem die Organisatoren der Pariser Weltausstellung um eine »umfassende und zufrieden stellende« Hierarchie der Weine in der Region gebeten hatten. Nach vielen Beratungen und einigen Blindverkostungen von Weinen aus ganz Bordeaux einigte man sich auf Klassifizierungen für das Médoc und für Sauternes.

40

Oben: Auf dem Turm von Latour hielt man einst nach Piraten Aus-schau. Gegenüber: Die Weinberge von Meyney ziehen sich fast bis zum Ufer hinunter.

Undenkbar wäre außerdem gewesen, das berühmteste Château in Graves, Haut-Brion, zu übergehen, weshalb es ebenfalls mit aufgenommen wurde, obwohl es zu keiner der klassifizierten Zonen gehörte. Die Rangordnung von 1855 ist bis heute unverändert geblieben – mit einer einzigen Ausnahme: 1973 gelang dem Château Mouton-Rothschild nach hartnäckigen Bemühungen seines Besitzers der Aufstieg vom Deuxième cru zum Premier cru.

Nach der Reblausinvasion, die eine Neubepflanzung der Weinberge im ausgehenden 19. Jahrhundert erforderlich machte, der Weltwirtschaftskrise der 1930er-Jahre und den beiden Weltkriegen erholte sich das Médoc in der Nachkriegszeit allmählich wieder von den Rückschlägen und erlebte mit den Jahrgängen 1945, 1947 und 1949 den Anfang seiner Blütezeit. Sie wurde von zwei Neuerungen geprägt. So begann der brillante, tatkräftige Philippe de Rothschild seine Weine selbst abzufüllen, statt diese Aufgabe Händlern in Frankreich oder Übersee zu überlassen. Und der große Professor Émile Peynaud setzte eine Qualitätsrevolution in Gang, indem er zu strikter Kellerhygiene riet und anregte, etwas weniger hochwertigen Wein nicht zu *grand vin* zu verarbeiten, sondern auszusortieren. In den letzten Jahrzehnten des 20. Jahrhunderts sind immer mehr Châteaux dazu übergegangen, einen solchen »Zweitwein« aus Fässern anzubieten, die die Aufnahmeprüfung zum großen, den Namen des Guts tragenden

Gewächs nicht geschafft haben. Manche dieser preiswerteren Erzeugnisse haben sich als ebenso gut oder sogar besser als die Spitzenweine weniger renommierter Güter erwiesen, etwa der Les Fort von Latour, der Pavillon Rouge von Margaux oder der Clos-du-Marquis von Léoville-Lascases.

»feineren« Appellationen weiter südlich stand. Ihren Weinen ist genau das eigen, was man vom Médoc erwartet: die Frucht Schwarzer Johannisbeeren mit einem Schuss Paprika, Fülle mit einem Rückgrat aus Tannin, das für Langlebigkeit sorgt, und gerade genug

41

Entscheidend für den Aufstieg der neuen Superstars waren amerikanische Kritiker wie Robert Parker, die ein Château lieber nach dem Geschmack der Weine als nach einer verstaubten alten Hierarchie beurteilten. Ende des Jahrtausends begannen sogar konservative französische Veröffentlichungen die Châteaux des Médoc zu erwähnen, ohne ihren offiziellen Status zu offenbaren. Zu den großen Gewinnern dieser liberaleren Haltung zählen die besten Güter der schlichten Appellation Médoc am nördlichen Abschnitt der Gironde. Hier werden alljährlich fast drei Millionen Kisten Rotwein bereitet, ein Drittel von einer Hand voll Genossenschaften. Bei den meisten Tropfen handelt es sich um gewöhnliche, kraftlose Gesellen, doch Kellereien wie La Tour-Haut-Caussan, Loudenne und Potensac halten einem Vergleich mit Gütern der angeblich

mineralischer Bodengeschmack, um nicht in die Marmeladigkeit vieler sortenreiner Erzeugnisse aus anderen Regionen abzugleiten.

Durchquert man das Haut-Médoc, erreicht man St-Estèphe, die nördlichste der bedeutenden Weinbaugemeinden. Wie der Kirche mit ihrem hohen Turm und überhaupt dem Rest des Dorfes ist den Weinen eine Schroffheit eigen, die sie gegen alle Unbilden des Wetters widerstandsfähig zu machen scheint. Hier findet man mehr Hügel als im restlichen Médoc, wenngleich sie recht flach ausfallen. An ihren Flanken nahe dem Ufer der Gironde liegen auch die besten Güter: de Pez, Les Ormes-de-Pez, Phélan-Ségur, Montrose, Lafon-Rochet und Calon-Ségur, um einige zu nennen. Die Rebgärten von Montrose wurden 1820 angelegt und sind ein unumstößlicher Beleg für den alten Spruch der Einheimischen, dass die besten Ge-

wächse von Weinbergen stammen, von denen aus man das Wasser sehen kann. Dank moderner Bereitungsmethoden geben sich die Erzeugnisse zugänglicher. Dennoch geraten junge Tropfen von Spitzengütern außer in den wärmsten Jahren meist geringfügig abweisender als ihre Gegenstücke in Pauillac einige Kilometer weiter südlich, was auf den Tonanteil im Boden zurückzuführen ist. Haut-Marbuzet bildet die Ausnahme von dieser Regel. Das Gleiche gilt für Cos d'Estournel, das letzte Château vor der AOC-Grenze, ein Schloss der ganz besonderen Art. Es verfügt über eine prachtvolle pagodenähnliche Fassade mit Tür-

men und Bögen. Louis Gaspard d'Estournel ließ es im frühen 19. Jahrhundert nach seiner Rückkehr von Reisen durch den Fernen Osten erbauen. Es wäre vermutlich etwas gewagt, in den Weinen deshalb nach exotischen Gewürzen zu suchen, doch gehören sie mit Sicherheit zu den opulentesten, gehaltvollsten Kreszenzen in St-Estèphe.

Zwischen Cos d'Estournel und Lafite mit seinem spitzen, schieferbedeckten Turm, dem Teich und Küchengarten kommt man am Chenal du Lazaret vorbei, einer dicht bewachsenen, tiefen Senke, die an die Arbeit der *déssicateurs* erinnert: Vor dem Ausheben der *jalles* muss hier ein

Der Pagodenturm und das reiche Schnitzwerk am Tor von Château Cos d'Estournel – ein architektonisches Kuriosum, hinter dessen Mauern große Weine entstehen.

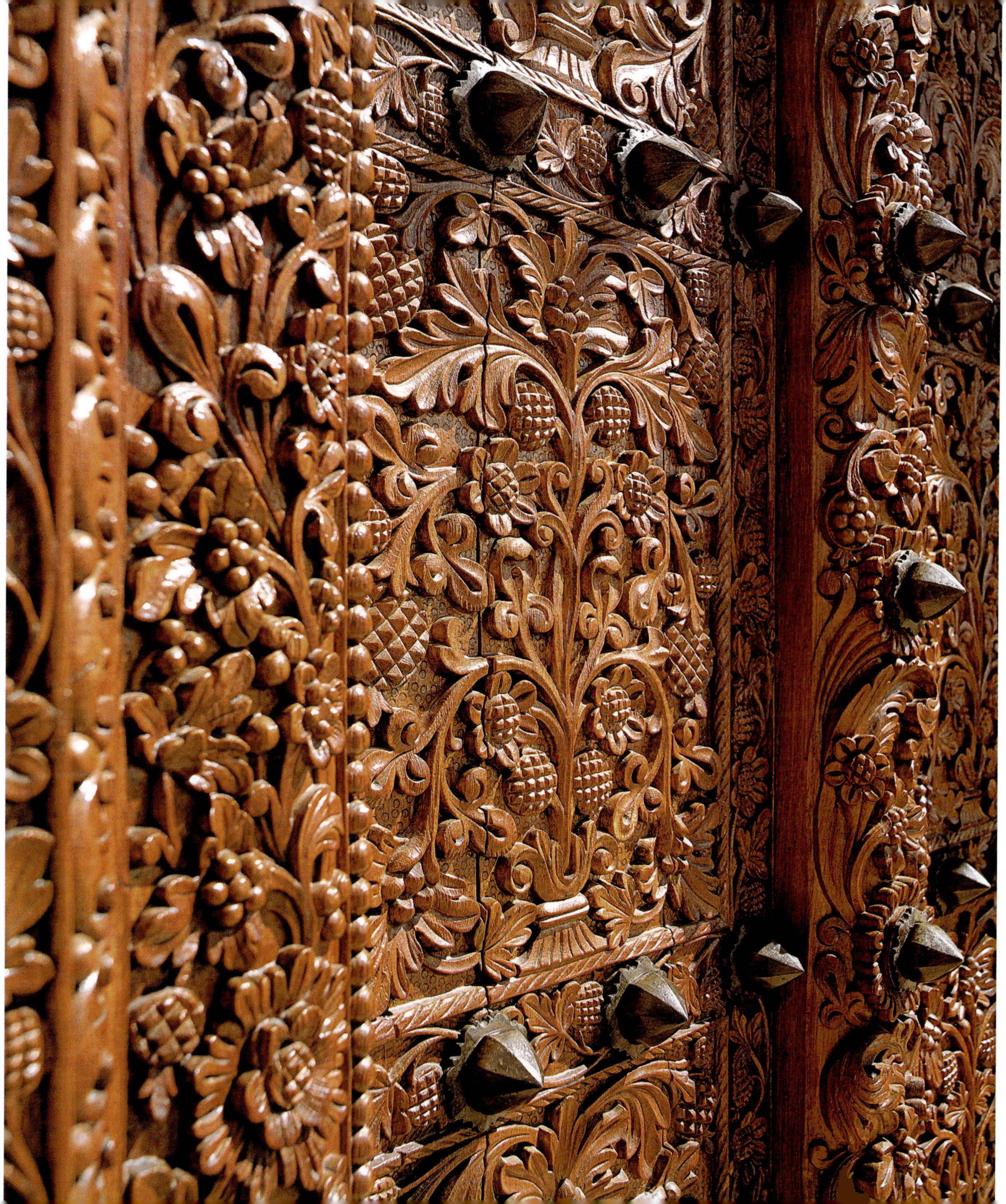

Pauillac, berühmt für Wein und Lamm, ist ein Küstenstädtchen mit guter Meeresküche geblieben.

See gewesen sein. Pauillac ist die älteste und bedeutendste Stadt im Médoc. Angesichts der Preise ihrer Spitzenweine wirkt sie überraschend dörflich – wie ein Fischerort am Atlantik, der sich zum Strandbad entwickelt hat. Heute befinden sich die Güter oft in der Hand von Unternehmen oder Geschäftsmagnaten aus Paris, die von Zwangsverkäufen infolge exorbitanter Erbschaftssteuern profitierten. Der Übergang der Familiengüter in die Hand von Investoren mag beklagenswert erscheinen, doch bringt ein solcher Transfer in der Regel eine rasche Verbesserung der Weinqualität und des Zustands der Gebäude mit sich.

Heute entstehen in der hochmodernen neuen Kellerei des komplett renovierten Herrenhauses wieder Pauillac-Weine, die sogar denen von Pichon-Comtesse-Lalande auf der anderen Straßenseite Konkurrenz machen. Und dessen Gewächse wiederum sind dem benachbarten Château Latour dicht auf den Fersen. Pauillac hat eine erstaunliche Dichte von Spitzengütern vorzuweisen, unter anderen Grand-Puy-Lacoste, Duhart-Milon, Batailley und Haut-Batailley, Clerc-Milon, d'Armailhac, Pontet-Canet und das Cinquième cru Lynch-Bages, das eigentlich mehrere Crus höher eingestuft werden müsste. Beim Preis-Leistungs-Verhältnis ganz vorn liegen Pibran, Fonbadet,

Grand-Puy-Ducasse, Haut-Bages-Libéral und Berna-dotte.

Der zweite ehrgeizige Nachbar von Latour und einer der allerersten Anwärter der Region auf die Beförderung vom Deuxième zum Premier cru ist Château Léoville-Lascases auf der anderen Seite der *jalle*, die die Grenze zu St-Julien bildet. Das Gut verfügt zwar über einen mächtigen steinernen Torbogen, der in einsamer Pracht die Weinstöcke überragt, besitzt trotz seines Namens aber weder ein Château noch einen Turm: Als das einstige Léoville-Gut in drei Teile zerstückelt wurde, bekamen Léoville-Lascases und Léoville-Poyferré ein Gebäude zur gemeinsamen Nutzung zugewiesen. Léoville-Barton muss sogar völlig ohne eigenes Herrenhaus auskommen. Wer seine Weine, die stets zu den Jahrgangsbesten zählen, verkosten möchte, muss sich in das Schwestergut Langoa-Barton begeben, wo sie bereitet werden.

Diese unbehausten Güter sind aber die Ausnahme, denn ansonsten hat die AOC einige der schönsten Schlösser im ganzen Bordelais zu bieten. Die Châteaux Ducru-Beaucaillou und Gruaud-Larose stehen inmitten ihrer Rebflächen und sind beide Meisterwerke klassizistischer Architektur. Ducru-Beaucaillou hieß ursprünglich Maucaillou, eine Zusammensetzung aus *mauvais* (schlecht) und *cailloux* (Steine), denn das Land war bei Weizenbauern äußerst unbeliebt. Weil man mit Reben wesentlich mehr

Erfolg hatte, änderte man die erste Silbe in *beau*, schön. Bis 1680 gehörten Ducru und das benachbarte Branaire zum Château Beychevelle, dessen Schloss und Park in ihrer Pracht wohl in ganz St-Julien unerreicht sind. Es gibt viele Versionen über die Entstehung des Namens Beychevelle, vermutlich aber ist er vom Französischen *baisser la voile*, im örtlichen Dialekt *bacha velo*, »die Segel streichen«, abgeleitet, denn hinter dem Château liegt ein kleiner Hafen, an dem früher Schiffe festmachten, um die Segel einzuholen. Der 1964er Beychevelle war einer der ersten Weine, die mich für Bordeaux begeisterten. Leider sind die neueren Ausgaben meiner Ansicht nach recht marmeladig geraten, vor allem verglichen mit den Tropfen der Léoville-Güter und von Ducru-Beaucaillou, die herrliche Finesse mit Kraft verbinden und die reine Schwarze-Johannisbeer-Frucht von Pauillac um eine Geschmacksnote bereichern, die Verkoster gern als »Zigarrenschachtel« beschreiben.

Moulis-en-Médoc und Listrac-Médoc werden meist als Zwillingspaar behandelt. Dabei sind Boden und Geschichte der beiden Gemeinden recht unterschiedlich und auch ihre Weine kann man in der Regel viel leichter auseinander halten als die von St-Julien und Pauillac. Ältere Bordelaiser pfeifen auf politische Korrektheit und beschreiben Moulis als »feminin«, also weicher, fülliger und liebreizender, während Listrac den »maskulinen«

45

Part abgibt, mithin harscher, nerviger und abweisender auftritt. Warum? In Listrac stehen die Rebstöcke auf den sanft geneigten Hängen der durch Reliefumkehr entstandenen »Listrac-Kuppe« mit viel Ton und Kalk, auf denen Cabernet Sauvignon oft recht schlecht reift. In den 1980er-Jahren ließ mich der Kellermeister im Château Clarke einmal Proben von allen vier angebauten Rebsorten verkosten: Der Merlot trug eine Fülle zur Schau, die den anderen Weinen fehlte.

Clarke hat mittlerweile den Merlot-Anteil erhöht und bereitet den vermutlich zugänglichsten Listrac. Empfehlenswert aber sind auch die Gewächse von Fourcas-Hosten, Fourcas-Dupré und Fonréaud, das der Legende zufolge nach dem *fontaine royale*, der königlichen Quelle, benannt ist, die ein gekröntes Haupt hier im 11. Jahrhundert entdeckt haben soll. Der Boden in Moulis ist nicht ganz so einheitlich, doch auf den gut durchlässigen Kieshängen von Gütern wie Maucaillou, Poujeaux und Chasse-

Spleen reifen die Trauben gut aus und entwickeln die angenehm üppigen Geschmacksnuancen, die Lord Byron zufolge üble Laune (*spleen*) vertreiben (*chasser*).

Vor einigen Jahren bat man mich und einige andere Verkoster, den Stil und Geschmack der Weine von Margaux zu bestimmen. Diese begrüßenswerte Initiative sagt viel über die südlichste große Anbauzone im Médoc aus. Über 80 Erzeuger produzieren in der Appellation Wein – zusammen genommen rund 7,5 Millionen Flaschen im Jahr. 21 Güter sind klassifiziert, drei Dutzend als Crus bourgeois eingestuft. Sie verteilen sich auf die Gemeinden Margaux, Labarde, Arsac und Cantenac. Doch die Bereitung ist mindestens ebenso wichtig wie das Terroir. Professor Peynaud meinte mir gegenüber einmal: »Es heißt, ein Margaux sei von Natur aus delikat und leicht. Das liegt aber daran, dass er eben so gemacht wird. Es gibt keinen Grund, warum er nicht auch so kraftvoll wie ein Pauillac sein könnte.« Diese Aussage wird untermauert von den

Oben: Cabernet-Sauvignon-Rebstöcke auf dem für das Médoc charakteristischen kiesigen Boden.
Gegenüber: Ducru-Beaucaillou, einer der elegantesten Weintempel in St-Julien.

Von links nach rechts: Reife Merlot-Trauben in Margaux – in den besten Châteaux wird noch von Hand gelesen, doch unbedeutendere Güter
schütteln die Trauben mit Maschinen von den Stöcken – das Sortieren ist ein Muss, vor allem in Jahren, in denen das Lesegut ungleichmäßig
ausreift oder schlechtes Wetter die Beeren faulen lässt – eine Stärkung nach harter Weinbergarbeit im Château Langoa-Barton.

Anfang der 1980er-Jahre im Château Margaux entstandenen, überwältigenden Weinen, an deren Verschnittformel Peynaud selbst mitwirkte. Zweifellos nennen etliche Kellermeister in Margaux das Ergebnis ihrer Überproduktion schönfärberisch »delikat«. Der angeblich ideale Kiesuntergrund verzeiht Nachlässigkeit vermutlich aber sogar noch weniger als in den anderen größeren Gemeinden, so dass nur zu leicht entweder verwässerte oder plumpe Weine entstehen. Margaux-Kreszenzen scheinen also eine

besonders geschickte Hand zu brauchen. Seltsamerweise aber können hier auch durchweg bessere Tropfen entstehen als in den Nachbarzonen: Der Jahrgang 1983 ist ein berühmtes Beispiel dafür.

Mein Ideal eines Margaux verkörpert Château Palmer, ein Troisième cru, das weit besser ist als seine Klassifizierung. Es trägt den Namen von General Charles Palmer, der das attraktive Schloss von einer nicht minder attraktiven Witwe erwarb. Die Weine von Palmer vermählen die

Schwarzen Johannisbeeren der Cabernet-Trauben mit Brombeeren und einem duftigen Zug, der seinesgleichen sucht. Das gilt auch für die Etiketten anderer Margaux-Güter, etwa Rauzan-Ségla und in guten Jahren Malescot St-Éxupéry, Brane-Cantenac, Durfort-Vivens, Lascombes, Prieuré-Lichine, Giscours und d'Issan sowie die niedriger eingestuften Güter Labégorce, Labégorce-Zédé, Monbrison, La Gurgue und d'Angludet.

Das Beste habe ich mir bis zum Schluss aufgehoben: Château Margaux. Es sieht so aus, wie man sich große Weingüter eben vorstellt: eindrucksvoll, mit Säulenportal und hinter einem Tor am Ende einer langen Allee gelegen. Der *chai* befindet sich etwas abseits; seine Mauern sind in ei-

nem Ockergelb gehalten, das man eher mit der Provence verbindet. Wenig hat sich verändert, seit Thomas Jefferson hier 1785 eintraf und den seiner Ansicht nach »sehr teuren« Preis von drei Livres für eine Flasche des 1784er-Jahrgangs bezahlte. Er war nicht der einzige Präsident, der einen Vorliebe für Margaux entwickelte. Richard Nixon hat den Wein bei offiziellen Anlässen angeblich den wichtigeren Staatsgästen reichen lassen, während geringere Sterbliche mit Beaujolais vorlieb nehmen mussten. So wie Musikliebhaber über die Werke von Bach und Beethoven sinnieren, so erörtern Weinkenner nur zu gern die Vorzüge von Gewächsen wie dem Cheval Blanc von 1947, dem Mouton-Rothschild von 1945 oder dem Lafite von 1961. Ich

habe noch nie einen besseren Tropfen als den duftenden, nach wie vor jugendlichen Margaux von 1953 verkostet.

Über dem Ruhm der Appellationen St-Estèphe, Pauillac, St-Julien, Moulis und Listrac vergisst man oft, dass auch jenseits ihrer Grenzen ausgezeichnete Weine entstehen. Sie werden zur Regional-AOC Haut-Médoc gezählt. Westlich von St-Julien stehen die Châteaux Belgrave, Camensac und La Tour-Carnet, während im Süden unweit von Bordeaux Cru-bourgeois-Güter wie das an eine mittelalterliche Festung erinnernde Lamarque, Beaumont,

Sociando-Mallet und La Tour-du-Haut-Moulin sowie die klassifizierten Châteaux La Lagune in Ludon und Cantemerle in Macau Wein erzeugen. La Lagune hat trotz des Namens kein Gewässer zu bieten, dafür aber ein ansehnliches einstöckiges Gebäude mit Hof. Einladend präsentieren sich auch die oft zu preiswerten Weine. Cantemerle heißt wörtlich »Gesang der Amsel«, könnte aber auch ein Wortspiel sein und auf die ebenfalls *merle* genannte Kanone verweisen, mit der man das Schloss im Hundertjährigen Krieg verteidigte.

Gegenüber: Château Margaux, das schönste und bekannteste Gut in Bordeaux. Es hat sich seit Thomas Jeffersons Besuch kaum verändert.
Oben: der Fasskeller von Margaux; hier liegt Wein im Wert von 30 Millionen Euro. Er bleibt zwar in den Fässern, bis er rund 18 Monate nach der
Lese abgefüllt wird, doch gehört er längst Händlern und Weinliebhabern rund um den Globus.

KAPITEL DREI

GRAVES UND PESSAC-LÉOGNAN

Der Boden prägt den Wein entscheidend – das ist überall auf der Welt so. Nirgendwo aber hat diese simple Weisheit mehr Gültigkeit als in der Region Graves, die sogar nach dem Kies ihrer Rebgärten benannt ist. Doch die Heimat von Château Haut-Brion, in dem der erste Markenwein überhaupt entstand, hat noch eine weitere Besonderheit zu bieten: Graves ist der einzige Anbaubereich von Bordeaux, in dem zugleich Rote und Weiße von ähnlich bestechender Güte entstehen. Trotzdem wird Graves noch immer unterschätzt …

Oben: Der Kies hat Graves den Namen gegeben – und dem Wein seinen unverwechselbaren Charakter.
Gegenüber: Als diese Flasche 1848 im Château Haut-Brion abgefüllt wurde, war das Gut bereits über 400 Jahre alt.

CHATEAU HAUT BRION
1848
en bouteilles au Château
Héritiers Larrieu

Nur eine verkehrsreiche Straße trennt Château Haut-Brion von La Mission Haut-Brion — und doch liegen beide Güter in verschiedenen Gemeinden. Auf den Böden ihrer Weinberge entstehen merklich unterschiedliche Tropfen.

Ich hatte schon immer ein seltsames Faible für Graves – vielleicht wegen meiner instinktiven Abneigung gegen Schubladendenken, denn kein Bereich in Bordeaux lässt sich schwerer einordnen. Deshalb wird Graves auch gern übergangen. Dabei hat von allen Anbauzonen in Bordeaux nur Graves es geschafft, sowohl in der Rot- als auch der Weißweinliga ganz vorn mitzuspielen – und das auch noch mit einer Reihe unterschiedlicher Stile.

Schon der Name gibt einen Hinweis auf die Andersartigkeit von Graves. Das Médoc erinnert an einen längst vergessenen keltischen Stamm und St-Émilion ist nach einem Eremit im 8. Jahrhundert benannt. Bei Graves aber stand nichts Menschliches Pate: Seine Identität ist der Boden selbst: *les graves*, der Kies, oder, wie man früher sagte, *Grabas de Burdeus*. Während aber Spitzenerzeuger wie Haut-Brion und Pape Clément auf der Wunschliste jedes Weinsammlers zu finden sind, steht dieser Bereich selbst oft im Schatten der Grandeur von Médoc oder der hedonistischen, explosiven Weine von St-Émilion und Pomerol. Ironischerweise wurde der Ruhm der gesamten Weinregion gerade hier südlich der Stadt Bordeaux begründet. Obendrein steht in Graves die Wiege des trockenen weißen Bordeaux, der wie die Roten der Region seinesgleichen sucht.

Schon im 3. Jahrhundert baute man in Graves Wein an. 900 Jahre später fertigte ein Mönch eine Karte der Region an. Auf die Ländereien der Benediktinerabtei Ste-Croix

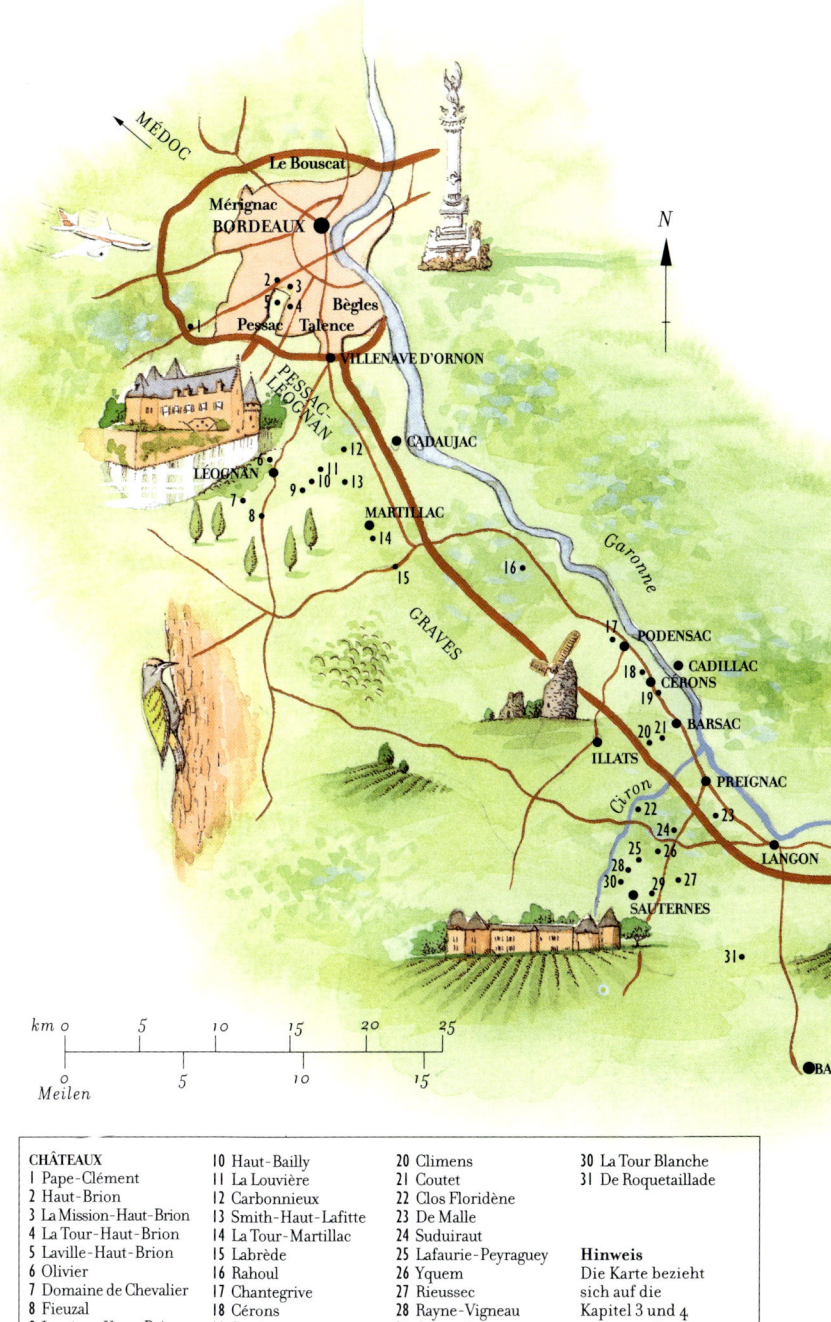

km 0   5   10   15   20   25

Meilen 0   5   10   15

CHÂTEAUX			
1 Pape-Clément	10 Haut-Bailly	20 Climens	30 La Tour Blanche
2 Haut-Brion	11 La Louvière	21 Coutet	31 De Roquetaillade
3 La Mission-Haut-Brion	12 Carbonnieux	22 Clos Floridène	
4 La Tour-Haut-Brion	13 Smith-Haut-Lafitte	23 De Malle	
5 Laville-Haut-Brion	14 La Tour-Martillac	24 Suduiraut	**Hinweis**
6 Olivier	15 Labrède	25 Lafaurie-Peyraguey	Die Karte bezieht
7 Domaine de Chevalier	16 Rahoul	26 Yquem	sich auf die
8 Fieuzal	17 Chantegrive	27 Rieussec	Kapitel 3 und 4
9 Larrivet-Haut-Brion	18 Cérons	28 Rayne-Vigneau	in diesem Buch.
	19 Seuil	29 Guiraud	

und einige Gemeinden wie Barrères, St-Laurent d'Escures und St-Nicolas de Grave zeichnete er Reben. Größere Rebflächen befanden sich außerdem in Mérignac auf dem Gebiet des heutigen Flughafens von Bordeaux sowie der Gewerbegebiete, die jede größere Stadt säumen wie angeschwemmter Müll ein Flussufer.

56

unweit des jüngeren Guts Haut-Brion und wird von einem pittoresken Turm mit einem an einen Pfefferstreuer erinnernden Dach sowie einer Wetterfahne aus dem 19. Jahrhundert überragt.

1307 wurde der Erzbischof von Bordeaux überraschend zum Pontifex maximus gewählt. Bertrand de Got nannte sich fortan Klemens V. und machte sich daran, den Chinesen das Christentum näherzubringen und der nichtkirchlichen Welt mit zwei sehr unterschiedlichen Weinen seinen Stempel aufzudrücken. In Pessac erinnert an ihn das Château Pape Clément, wo er 1300 erstmals Reben pflanzen ließ. An der südlichen Rhône kennt man ihn als Papst, der für einige Zeit im Avignonischen Exil weilte und auf den nahe gelegenen Kieselflächen Weinberge anlegte, die später den Namen Châteauneuf-du-Pape bekamen. Pape Clément kann man heute von einer befahrenen Vorortstraße aus hinter einem Zaun sehen. Das Château steht

Warum wurden in Pessac am westlichen Rand von Bordeaux bereits Reben angebaut, lange bevor man sich in den meisten anderen Gegenden von Graves und Médoc dem Weinbau widmete? Schuld daran ist die kiesige *croupe*, eine leichte Kuppe mit etwas besserem Boden, und eine schon während der römischen Besatzungszeit berühmte Quelle. Bevor das Gut nach dem Kirchenfürsten benannt wurde, hieß es vielsagenderweise Ste-Marie de Bel Air – »die heilige Maria der schönen Aussicht«.

Der Schriftsteller Rabelais bezog sich Anfang des 16. Jahrhunderts mit seinem *vin clémentin* zwar auf ein anderes Erzeugnis, doch durch Klemens gewann die Region so sehr an Ansehen, dass ihm viele nacheiferten und sich ebenfalls am Rebbau versuchten. Die in einer mittelalterlichen Darstellung enthaltenen *Anciens Réglements de la Ville de Bordeaux*, die »alten Vorschriften der Stadt Bordeaux«, untersagten Wirten, »Weine des Médoc und anderer Regionen mit denen aus Graves« zu verschneiden. Verboten war es auch, »Rebensaft von anderen Orten und Crus als Graves feilzuhalten«.

Im Lauf der nächsten zweihundert Jahre avancierten Graves-Weinen zu den bekanntesten Bordeaux-Gewächsen und erzielten die höchsten Preise. Wie andernorts genossen aber nur diejenigen Güter einen hohen Ruf, deren Weine für den Gaumen des Klerus und seiner Gäste bestimmt waren, also etwa Pape Clément oder Ste-Croix. Alle anderen Erzeugnisse schenkte man einfach unter dem Namen ihrer Herkunftsregion aus. Der Wein, den Besucher in Londoner Tavernen wie *The Mouth* oder *The Royall Oak* im London des 16. und 17. Jahrhunderts in die Krüge bekamen, war also schlicht ein »Claret aus Graves«. Natürlich gab es die berühmte Ausnahme von der Regel, wie der Chronist Samuel Pepys bei einem Besuch im *Royall Oak*

am 11. April 1663 erfuhr. Man reichte ihm »einen französischen Wein namens Ho Bryan mit dem besten und einmaligsten Geschmack, der mir je untergekommen ist«.

Pepys, der nur drei Wochen vorher geschworen hatte, dem Rebensaft ein für allemal zu entsagen, hatte nicht als Einziger Schwierigkeiten mit der Schreibung von Haut-Brion. Damals wurden Weine noch nicht mit einem gedruckten Etikett verkauft, weshalb auch andere Zeitgenossen ihn Aubryan, Oberon und O'Brien nannten. Doch zeigt ihr Bemühen, wie erfolgreich Gutsbesitzer Arnaud de Pontac und sein Sohn François-Auguste den ersten Markenwein der Welt vermarkteten. Haut-Brion ist nach dem *brion* in der Nähe des Dorfs Pessac benannt, »der winzigen Erhebung … kaum groß genug, um etwas zu tragen«, wie John Locke 1677 die Kuppe beschrieb. Aufmerksam nahm er zudem von dem »weißen, mit Kies vermischten Sand« Notiz.

57

Gegenüber: Es gehört zu den Höhepunkten des Winzerjahres, wenn sich im August (!) die reifenden Beeren zu färben beginnen.
Oben: Aus diesen Sémillon-Trauben auf Château du Seuil entstehen füllige, pfirsichfruchtige Weine.

Der Boden hat sich seither nicht verändert und auch das Schloss sieht aus der Ferne noch immer so aus, als würde es ein Meer von Reben durchpflügen. Ansonsten aber ist nichts so geblieben, wie es war. Wo früher Bäume und Weinstöcke wuchsen, stehen nun schmucklose Häuser und Bürogebäude. Wer dem Vorort doch noch etwas abgewinnen will, sollte dem *Quartier Moderne Frugès* einen Besuch abstatten, einer Siedlung aus 51 pastellfarbenen Heimen, die Le Corbusier in den 20er-Jahren des letzten Jahrhunderts entwarf.

La Mission Haut-Brion auf der anderen Seite des steten Stroms aus Citroëns und Renaults auf der Avenue Jean Jaurès gehörte früher vielleicht einmal zum selben Besitz wie Château Haut-Brion, ein alter Rivale. Manche gehen allerdings von einer getrennten Entstehungsgeschichte aus. Wie dem auch sei, 1983 waren beide wieder in der Hand eines einzigen Eigentümers vereint. La Mission wurde Anfang des 18. Jahrhunderts von der Ordensgemeinschaft der *Prêcheurs de la Mission* zusammen mit einer Kapelle erbaut und sieht nicht nur völlig anders aus als Haut-Brion, sondern erzeugt auch einen opulenteren, duftigeren Wein.

Ansonsten aber ist eine Charakterisierung des Weinstils von Graves eine heikle Angelegenheit. In den Roten scheinen sich die Anklänge an die für das Médoc typischen Schwarzen Johannisbeeren und Zigarrenschachteln mit der Fülle von Pomerol und der Erdigkeit von St-Émilion zu vereinen. Es ist daher nicht einfach, sie bei Blindverkostungen zu »erschmecken«. Selbst vor dem Trend hin zu hochkonzentrierten Tropfen schien das natürliche Gewicht eines guten Graves zu variieren. Frühe Bewunderer von Haut-Brion rühmten den »ganz eigenen Geschmack« und die tiefe Farbe der Gewächse; das kann aber auch einfach nur daran gelegen haben, dass de Pontac sie einfach sorgfältiger bereitet hat. Nach wie vor allerdings ist den Erzeugnissen von Haut-Brion ein anfänglich massives, abweisendes Wesen mit Anflügen von schwarzen Kirschen und Erdbeeren eigen, anhand denen man sie bei Blinddegustationen von anderen Premiers crus und Weinen von Nachbargütern unterscheiden kann. Die Roten der Domaine de Chevalier hingegen nehmen sich subtiler aus und kehren stärkere Himbeernoten hervor – ich nenne sie gern die Bordeaux-Weine eines Liebhabers von Burgundern.

Französische Traditionalisten indes sehen derlei Vergleiche zwischen beiden Regionen gar nicht gern. Als

Sowohl der Philosoph John Locke als auch der spätere US-Präsident Thomas Jefferson statteten Château Haut-Brion einen Besuch ab.
Beide waren gleichermaßen erstaunt über die auffälligen Kiesböden des Guts.

ich einem prominenten Burgunder vorschwärmte, dass weißer Haut-Brion jedem Corton-Charlemagne oder Montrachet Paroli bieten könne, sah er mich an, als hätte ich Dickens zum Rivalen von Zola gemacht. Dabei zählen die Weißen aus Graves ohne Frage zu den größten Weinen der Welt. Ihr Charakter hängt letztendlich davon ab, welche Rolle der frischen, kräuterwürzigen Sauvignon blanc – sie kann zwischen 25 und 100 % Anteil haben – und der fülligeren, pfirsichfruchtigeren, wächsernen Sémillon zugedacht wurde bzw. wie sehr neue Eiche zum Einsatz gekommen ist. Als gemeinsames Thema sollte ein komplexer Akkord aus Pfirsich-, Renekloden- und Apfelnoten anklingen, der von einer cremigen Fülle unterlegt wird und nach ein paar Jahren in runde Honigtöne übergeht.

Auch der liebliche Graves Supérieur im Süden der Zone tritt idealerweise mit einem Honigmantel auf. Leider sind gelungene Vertreter dieser Appellation ebenso unmodern wie selten – bei den meisten Erzeugnissen müsste man das »Supérieur« im AOC-Titel durch »Inférieur«, minderwertig, ersetzen. Dagegen findet man in den südlicheren Gefilden der Zone heute einige köstliche trockene Rote und Weiße. Doch sie alle können den Glanzstücken im Norden nicht das Wasser reichen. Des-

halb richtete eine Reihe von Gemeinden dort im Jahr 1987 eine eigene Appellation ein und benannte sich nach Pessac sowie dem südlicheren Landstädtchen Léognan. Mit dieser Aufspaltung von Graves bestätigte sich nur, was die Weinbehörden schon 1959 festgestellt hatten, als sie 16 Güter im Norden offiziell als Crus classés einstuften. Dennoch lässt die Klassifizierung zu wünschen übrig, vor allem angesichts der Fortschritte auf dem Weißweinsektor in den letzten 50 Jahren. Welche Argumente lassen sich schon dafür finden, dass sowohl die Roten als auch die Weißen von der Domaine de Chevalier als *classé* firmieren, während die überragenden Weißweine von Haut-Brion und die konstant ausgezeichneten Gewächse von Smith-Haut-Lafitte, La Louvière und Fieuzal offiziell auf einer Stufe mit den einfachsten Getränken der Region stehen? Eine Neuklassifizierung von Graves steht an, seit ich denken kann. In der neuen Rangordnung müssten auch einige wenige außergewöhnliche Châteaux im Süden des Bereichs berücksichtigt werden, etwa Chantegrive, Seuil, Clos Floridène und Rahoul. Bis jetzt aber ist nichts geschehen.

Unterdessen ignoriere ich wie in allen Bordelaiser Anbauzonen unbekümmert die offiziellen Bestenlisten und

Der Château Haut-Brion von 1961 ist heißer Anwärter auf den Titel des größten Weins im 20. Jahrhundert.
Besonders begehrt sind die im Gut selbst unter idealen Bedingungen gelagerten Flaschen.

erkunde die Region sowie ihre Weine nach meinem Gusto. Unter den anderen Nachbarn von Haut-Brion und Pape-Clément haben nur noch La Tour-Haut-Brion, Laville-Haut-Brion und Les Carmes-Haut-Brion, das sein wärmeres Mikroklima angeblich den Häusern in seiner Umgebung verdankt, dem Siedlungsdruck der Stadt standgehalten. Wenn man die restlichen großen Güter von Pessac-Léognan besuchen will, muss man die Vororte hinter sich lassen und in das ländliche Grün der Gemeinden Léognan, Villenave-d'Ornon, Cadaujac und Martillac weiter südlich eintauchen.

Die Landschaft hat mit dem übrigen Bordeaux meist wenig gemein. Man findet sanfte Hügel und Täler, während sich die Châteaux häufig hinter Wäldchen verstecken. Château Carbonnieux, eine der ältesten, größten und seit einigen Jahren auch besten Kellereien, verfügt über ein angenehm unaufdringliches Gebäude mit Hof sowie über Weinberge, die aus dem 12. Jahrhundert stammen und sich die Grenze zwischen Léognan und Villenave-d'Ornon entlangziehen. Im 18. Jahrhundert gehörte das Anwesen Benediktinermönchen. Sie verkauften ihren Weißwein an Kunden wie jene französischstämmige Frau in Konstantinopel, die

Die Domaine de Chevalier braucht wie die meisten Nachbarkellereien zwei Fasskeller: einen für Rot- und einen für Weißwein. Der hier reifende Rote gehört zu den subtilsten Essenzen von Graves.

Oben: Den Wein-Châteaux von Bordeaux haftet zwar ein recht romantisches Image an, doch die meisten sind überraschend unscheinbar. Nicht so das malerische Schloss Olivier. Gegenüber: Am Ende eines langen, arbeitsreichen Tages kehren die Lesehelfer nach Olivier zurück. Viele Güter ernten allerdings mittlerweile maschinell.

ihn einem dankbaren osmanischen Herrscher schlitzohrig als *eau minérale de Carbonnieux en Guienne*, »Mineralwasser von Carbonnieux in Aquitanien«, kredenzte.

Seltsamerweise blieb das Potenzial anderer Teilbereiche von Pessac-Léognan lange Zeit unerkannt. Westlich von Carbonnieux steht Olivier, ein von einem Burggraben umgebenes, denkmalgeschütztes mittelalterliches Château. Erst im 19. Jahrhundert machte man sich auf Olivier ernsthaft an die Bereitung von Wein; davor waren Trauben nur eines von vielen landwirtschaftlichen Erzeugnissen des Guts. Das Château Haut-Bailly, das in Pessac-Léognan Seltenheitswert hat, weil es nur Rotwein bereitet (der auch noch großartig ausfällt), wurde um 1850 gegründet; sein etwas nüchternes Gebäude mit rotem Dach hat man aber

erst gegen Ende des Jahrhunderts errichtet. Sein Land gehörte einst zum selben Gut wie das von Larrivet-Haut-Brion, das vor einem Rechtsstreit mit Haut-Brion allerdings Haut-Brion-Larrivet hieß. Derlei Wirren sind in Bordeaux nichts Ungewöhnliches.

Am anderen, südwestlichen Ende von Léognan liegt im Herzen eines Kiefernwaldes, der im 18. Jahrhundert schon einmal gerodet worden war, die Domaine de Chevalier. Die Roten und vor allem auch die Weißen fallen hier weit weniger massiv aus als die Weine von Haut-Brion oder Pape Clément, bleiben aber viel länger auf der Höhe, nehmen eine dramatischere Entwicklung und schlagen sich in schlechten Jahren besser als die meisten Konkurrenten. Sehr zur Freude der Bordelaiser liegen selbst ausgebuffte

Degustatoren oft daneben, wenn man sie das Alter eines angejahrten Domaine de Chevalier erraten lässt.

Das nahe gelegene, mit viel Begeisterung restaurierte Gut Smith-Haut-Lafitte thront auf seiner eigenen kleinen *fitte*, Kuppe. Das malerische weiße Gutshaus und ein ebenso ansehnliches, teils aus Holz gezimmertes Gebäude mit Turm wirken wie ein mittelalterlicher Herrensitz aus einem Hollywood-Historienschinken. Das Schlösschen ist zwar wesentlich jünger, als es aussieht, trotzdem wurden hier schon im 12. Jahrhundert Reben angebaut, während

das Gut selbst bereits 1549 bekannt war – 171 Jahre bevor ein Schotte namens George Smith es erwarb. Heute haben die tatkräftigen Besitzer das Château zu neuen Höhen geführt und eine Tradition wieder aufleben lassen, die auf Pape Clément vor über 1700 Jahren ihren Anfang nahm. Statt gesundes Quellwasser zu fördern, offeriert Smith Haut Lafitte Wein aus organischem Anbau und ein Heilbad, das sich auf die gesundheitsfördernde Wirkung von Öl aus Traubenkernen spezialisiert hat. Der Weiße ist ein mild exotischer Tropfen mit subtiler Ananasnote, während der

Oben: Hinter dem springenden Hasen, einer Skulptur des walisischen Bildhauers Barry Flanagan, ragen die altromantischen Gebäude von Smith Haut Lafitte auf. Das Château zählt zu den meistbesuchten Gütern der Region. Oben: Die makellos gepflegten Weingärten gehörten zu den ersten biologisch bewirtschafteten Rebflächen im Bordelais.

Château La Louvière, zweifellos eines der schönsten Schlösser in ganz Bordeaux. Auch seine Rot- und Weißweine gehören in Pessac-Léognan zu den Spitzenreitern.

Rote mit einem köstlichen Früchte-Potpourri aus Himbeeren und Maulbeeren aufwartet.

Nach dem Disneyland-Flair von Smith Haut Lafitte kehrt man mit La Louvière wieder zu jenem Klassizismus zurück, der auch das Château Margaux und das Grand Théâtre in Bordeaux prägt. Die Ähnlichkeit kommt nicht von ungefähr, denn das Schloss wurde 1798 von Victor Louis, dem Architekten des Theaters in Bordeaux, oder einem seiner Schüler entworfen. Der Name La Louvière erinnert an die Wölfe, welche die dichten, zum Teil heute noch vorhandenen Wälder um das Gut durchstreiften. Für die Restaurierung des Anwesens zeichnen André Lurton sowie seine Söhne Jacques und François verantwortlich. Sie haben auch dafür gesorgt, dass die Weine von La Louvière heute einen Stellenwert haben, bei dem man ohne zu zögern einer Neuklassifizierung zustimmen würde. Außerdem halfen sie mit, eine mächtige Interessenkoalition zurückzudrängen, die die Weinberge von Martillac einem Wissenschaftspark und Bauprojekt opfern wollte. Die Pionierarbeit der Lurtons als Weinerzeuger hier und auf Château Bonnet in Entre-Deux-Mers kann gar nicht hoch genug bewertet werden. Dank ihres Erfolgs mit La Louvière,

Couhins-Lurton, Cruzeau und Rochemorin in den 1970er- sowie 1980er-Jahren verbannte man die ausdruckslosen, grässlich überschwefelten Weißen von einst endlich in das Mausoleum, in das sie auch gehören. Als zweites Pioniergut an der Seite von La Louvière hat sich oft

Château Fieuzal erwiesen; sein moderner Ansatz wird unterstrichen durch die stilvollen modernen Gebäude und einen säulenumrahmten Eingang, der sich malerisch in einem Zierteich spiegelt. Sowohl die Roten als auch die Weißen gehören zu den verlässlichsten Erzeugnissen der AOC.

Südöstlich von Pessac-Léognan erstreckt sich ab der Stadt Podensac, der Le Corbusier seinen Stempel in Form eines Wasserturms aufdrückte, die Appellation Cérons. Sie verdient mehr Aufmerksamkeit, als sie in der Regel bekommt. Das alte Anbaugebiet war schon im 3. Jahrhundert bekannt – damals noch als Sirione. Die romanischen Kir-

chen aus dem 12. Jahrhundert in Cérons und dem benachbarten Illats sowie die Überreste von Windmühlen sind beredte Zeugnisse einstigen Wohlstands. Auf den kiesigen *croupes* und dem Kalkboden entstehen bisweilen üppige Tropfen, die sogar an die Kreszenzen aus Barsac etwas weiter südlich heranreichen. Da das Interesse an Süßweinen aber beständig sinkt und Cérons süffige, trockene Graves-Gewächse in Rot und Weiß erzeugen darf, was den Châteaux von Sauternes und Barsac übrigens von Rechts wegen verboten wurde, sind echte Cérons eine Rarität geworden. Wer schmecken will, was die AOC zu leisten vermag, kauft Wein von Château de Cérons gegenüber der Dorfkirche oder von Château du Seuil und verbannt ihn für eine Weile in den Keller; gute Jahrgänge altern hervorragend.

In einem der bekanntesten – und mit Sicherheit meistbesuchten – Graves-Güter entstehen keine großen

Oben: Bordeaux besteht nicht nur aus Reben. In der unbekannten AOC Cérons wird auch Mais angebaut.
Gegenüber: Der französische Hochgeschwindigkeitszug TGV schießt an Château du Seuil vorbei.

70

Weine. Dafür hat das Château de Labrède zwei andere Vorzüge: Zum einen lebte hier der Philosoph, Anwalt und Staatsmann Montesquieu und zum anderen sieht das bemerkenswert schöne Bauwerk einmal wirklich wie eines jener seltenen Schlösser aus, hinter dessen Mauern einst eine unglückliche Maid gefangen gewesen

Park, den ich nach einem in England entdeckten Plan anlegte … die Natur … sieht aus, als sei sie gerade dem Nachtlager entstiegen und habe nur einen Morgenmantel übergeworfen«. Ein Großteil des Weins, den Montesquieu wohl reichte, trank und verkaufte, stammte von Weinbergen vier Kilometer weiter nördlich in Martillac,

sein muss, bis ein schöner Prinz kam und sie befreite. In das von einem Burggraben und ausgedehnten Park umgebene Château gelangt man über eine kleine Brücke. Man kann sich bildhaft vorstellen, wie Montesquieu ein dreiviertel Jahrhundert vor der Französischen Revolution seine Bibliothek verließ, um seine Gäste im Hof vor der Kulisse aus spitzen Türmen mit geschliffenen Ausführungen über die Freiheit zu unterhalten. Vielleicht aber las er auch nur eine seiner Beschreibungen von Labrède vor: »eindeutig gotisch, aber umgeben von einem einladenden

wo er ein nach einem Turm aus dem 12. Jahrhundert benanntes Gut namens La Tour besaß. Heute entstehen dort empfehlenswerte Rote und Weiße mittleren Gewichts, die als Château La Tour-Martillac auf den Markt kommen. Fast ebenso altehrwürdig wie der Turm ist das Château de Roquetaillade, obwohl Viollet-le-Duc es im 19. Jahrhundert umfassend renovierte. Es wurde im Jahr 1307 erbaut und gewährt Besuchern einen Einblick in das Leben vor vielen hundert Jahren, als der Weinbau nur eine von vielen Möglichkeiten landwirtschaftlicher Nutzung des Bodens war.

Zwei Glanzstücke von Bordeaux: Château de Roquetaillade (gegenüber) erzeugt guten Wein, während das viel besuchte Labrède (oben) vor allem deshalb bekannt ist, weil Montesquieu hier lebte.

KAPITEL VIER

SAUTERNES UND BARSAC

Von allen Luxusgütern der Welt gehört das flüssige Gold eines guten Sauternes sicherlich zu den außergewöhnlichsten. Seine Entstehung hängt sehr stark vom unvorhersehbaren Auftreten eines hässlichen Schimmels auf den Beeren ab – und von der Geduld und Sorgfalt der Erzeuger, die die Trauben in Wein verwandeln. Schauplatz dieser durchaus nicht jedes Jahr möglichen Alchemie ist seltsamerweise einer der bescheidensten und beschaulichsten Winkel von Bordeaux: eine Region, die einen überraschendem Kontrast zu den Landschaften des Médoc und von St-Émilion bildet.

Oben: Steinplatte am Château Climens in Barsac; hier entstehen einige der besten Sauternes-Kreszenzen überhaupt.
Gegenüber: Nicht ganz so fein geraten die Weine von Château de Malle – umso spektakulärer aber sind die Gebäude.

Wenn ich mich für ein paar Tage verstecken wollte, würde ich mich nach Sauternes oder in die Nachbar-Appellation Barsac flüchten. Hier findet man einen der ländlich-idyllischsten Winkel von Bordeaux – einen kleinen Landstrich mit Weilern an einer winzigen, gewundenen Straße, die nach Nirgendwo zu führen scheint und auf der man sich durchaus vorstellen könnte, Ziegenhirten in langen Mänteln mit ihren Herden zu begegnen. Sogar den Weinbergen hinter niedrigen Steinmäuerchen wohnt eine zeitlose Beschaulichkeit inne. Die pastorale Aura steht in scharfem Kontrast zu der Autobahn zwischen Bordeaux und Toulouse, von der die Gegend durchschnitten wird (siehe Karte S. 55).

Man kommt heute kaum noch rein zufällig in diese Ecke – dafür sorgen schon die zahllosen Hinweisschilder, die auf die beiden Bereiche und ihre Châteaux aufmerksam machen. Früher waren die fünf unter der Appellation Sauternes zusammengefassten Gemeinden allerdings lediglich eine höherwertige Zone des südlichen Teils von Graves. In dem Dorf Preignac in Flussnähe wurde schon im 8. Jahrhundert Wein angebaut. Man verschiffte ihn dann vom kleinen Hafen Barsac aus, wo heute ein grasbewachsenes Ufer

Gegenüber: Der Herbstnebel über dem Fluss Ciron begünstigt die Entstehung der »Edelfäule«, die für großen Sauternes unabdingbar ist.
Oben: Der malerische Hafen von Barsac, in dem einst Weinfässer auf Boote geladen wurden.

Ausflügler zum Verweilen einlädt. Wir werden nie erfahren, wie die Erzeugnisse von damals geschmeckt oder ausgesehen haben; im 18. Jahrhundert aber war der Sauternes mit Sicherheit bereits weiß und recht süß, wenngleich nicht so üppig wie heute. Wie die Weißen aus anderen Bereichen in Graves stammte er wohl von sehr spät gelesenen Trauben. In den Hügeln von Sauternes und Barsac reiften sie sogar noch ein wenig mehr aus als andernorts, so dass Essenzen wie der Jahrgang 1784 entstanden, den Thomas Jefferson erwarb und ohne Umschweife als »ausgezeichnet« und »sehr fein« beschrieb.

Damit sich die Weine zu der Geschmacksintensität, Süße und komplexen Melange aus Anklängen an Honig, getrocknete Aprikosen und Pfirsichen aufschwingen, die wir von ihnen heute erwarten, müssen die Trauben von einem ganz und gar nicht unwillkommenen Pilz namens *Botrytis cinerea* befallen werden, der *pourriture noble*, »Edelfäule«, verursacht. Der graubraune Schimmel (siehe Foto oben), der nur in einigen wenigen Regionen überhaupt in der freien Natur auftritt, sieht ziemlich unappetitlich aus. Nur mit sehr viel Fantasie kann man sich vorstellen, dass aus den abstoßenden, fauligen Früchten einmal Wein wird. Robert Mondavi erinnert sich, dass er vor noch gar nicht allzu langer Zeit edelfaule Trauben aus dem Napa Valley heimlich lesen und pressen musste, weil er befürchtete, dass die US-amerikanische Lebensmittelbehörde solch vermeintlich unhygienischem, ungesundem Treiben einen Riegel vorschieben würde. Dass ein Quäntchen vom richtigen Schimmel Gutes bewirken kann, stellten als Erste vermutlich die Winzer im ungarischen Tokaji des 17. Jahrhunderts fest. 1775 machte der Kellermeister auf Schloss Johannisberg im Rheingau zufällig dieselbe Entdeckung, als die Erlaubnis zum Beginn der Lese verspätet eintraf und er daher keine andere Wahl hatte, als die unansehnlichen, geschrumpften Beeren wie frische, gesunde zu verarbeiten.

Kurioserweise erzählt man sich auf Château d'Yquem eine ganz ähnliche Geschichte. Im Herbst 1847 befand sich der Marquis Bertrand de Lur-Saluces, dessen Familie das Gut schon seit dem 16. Jahrhundert gehörte, länger als geplant auf einer Verkaufsreise durch Russland. Bei seiner Rückkehr hatte der Pilz bereits einen Großteil der ungelesenen Trauben befallen – und sie mit seinem alchemistischen Zauber belegt. Ein Dutzend Jahre später kaufte der Bruder des Zaren den Wein aus diesem schimmeligen Lesegut für die damals unerhörte Summe von 20 000 Goldfrancs pro *tonneau* – das entsprach 16 Francs pro Flasche, dem vierfachen Preis des vorausgegangenen Jahrgangs. Man ist versucht anzunehmen, dass auch die Makler von Bordeaux diesen Wein im Glas hatten, als sie 1855 die Klassifizierung für die Weltausstellung in Paris erstellten. Das würde auch erklären, warum sie Yquem als einzigen Grand premier cru classé einstuften – und ihn damit noch ein Stück über Latour, Lafite, Margaux und Haut-Brion erhoben.

Die Genese von Sauternes-Wein könnte aber durchaus auch weit weniger romantisch abgelaufen sein. Vielleicht erzählte ein weit gereister niederländischer Händler mit einer Vorliebe für süße Essenzen den Sauternes-Winzern, was er in Ungarn und am Rhein beobachtet hatte. Schwer zu glauben ist ferner, dass ein Mann namens Focke, der das nahe gelegene Château La Tour Blanche in den 1830er-Jahren kaufte, nicht auch das Know-how für die Bereitung von edelfaulem Wein aus seiner deutschen Heimat mitbrachte. Eine interessante Erklärung für die historischen Unschärfen lieferte Hugh Johnson. Seiner Ansicht nach war es für die Kellermeister eine Schande, faulige Trauben zu verarbeiten, weshalb sie sich darüber tunlichst ausschwiegen. Wie allerdings hätte sich das in einer so kleinen Gemeinde so lange geheim halten lassen können?

Auf jeden Fall hatten die führenden Güter von Sauternes rechtzeitig zur Klassifizierung von 1855 bereits gelernt, die Edelfäule für sich nutzbar zu machen, und konnten sich in der Rangliste hinter Yquem einreihen. Während die Spitzen-Châteaux des Médoc sowie von St-Émilion und Pomerol aber mehr oder weniger auf einer Stufe stehen, ragt Yquem nach wie vor unter seinen Nachbarn heraus – so wie auch das im 16. Jahrhundert erbaute Schloss auf seinem für Bordelaiser Maßstäbe riesigen 75-m-Hügel über dem Rest der Appellation thront.

Begünstigt wird die Edelfäule hier durch den Nebel, der im Herbst vom nahen Ciron aufsteigt und gerade das richtige Ambiente für die Sémillon- und Sauvignon-blanc-Trauben bietet, die in den Rebgärten heranreifen. Hinzu kommen die günstige Ausrichtung und relativ steile Hanglage sowie die tonig-sandigen Kiesböden, die einen nicht geringen Anteil an der hohen Weinqualität haben. Eine nicht zu unterschätzende Rolle spielt außerdem die Kunst der Erzeuger. Und wenn Bordelaiser Weinpatrioten auch gern die natürliche Eignung ihres Terroirs rühmen, so darf man doch nicht vergessen, dass Yquem von nicht weniger als 100 km Entwässerungsgräben profitiert, die im 19. Jahrhundert angelegt wurden und noch heute von den Gutsbesitzern instand gehalten werden müssen.

Die Erträge liegen jämmerlich niedrig: Jeder Weinstock erbringt gerade einmal ein Achtel seiner Gegenstücke im Médoc – weniger als ein Glas pro Rebe. Und die Lese ist ein unglaublich zeitraubendes und arbeitsintensives Unterfangen. Sie dauert zwei ganze Monate und erfordert 12 bis 13 *tries*, Durchgänge; nur so ist gewährleistet, dass jede Traube genau dann abgeschnitten wird, wenn sie den optimalen Reife- und Fäulegrad erreicht hat. Doch nicht genug damit: Wenn der Jahrgang als Ganzes nicht die hohen Erwartungen erfüllt, gibt Yquem überhaupt keinen Wein heraus. Trägt man all diesen Faktoren Rechnung und berücksichtigt obendrein, dass guter Sauternes jeden roten Bordeaux überdauert und dabei wahrscheinlich sogar noch besser wird, dann erscheinen die astronomisch hohen Preise für eine Flasche Yquem schon in einem ganz anderen Licht.

Andererseits ist das Niveau auch bei den Nachbarn fast ebenso hoch, während die Preise bedeutend niedriger liegen. Ich würde eine Flasche Coutet, Climens, Guiraud, Lafaurie-Peyraguey, Rayne-Vigneau, Rieussec, Suduiraut oder La Tour Blanche aus einem Jahrgang Ende der 1990er praktisch als Schnäppchen bezeichnen. Welche dieser Kreszenzen nun die bessere ist, hängt zwar oft vom persönlichen Geschmack oder der Leistung eines Guts in einem bestimmten Jahrgang ab – um den Spitzenplatz als schönstes Bauwerk aber konkurrieren allein das Château de Malle und die mittelalterliche Burg von Lafaurie-Peyraguey.

Auch viele kleinere Güter erzeugen guten Sauternes, ansonsten aber ist die Appellation wie St-Émilion ein Minenfeld voller Blindgänger. Wer in einem Supermarkt einen Bogen um Dutzend-Sauternes macht, versagt sich nicht allzu viele Genüsse. Eine Verkostung der angebotenen Tropfen in der Maison de Sauternes im Dorf Sauternes selbst indes gehört zu den besten Weinlektionen.

Die kleine AOC Barsac ist mit dem restlichen Sauternes eine Art offener Ehe eingegangen. Die Gegend wurde bereits zur Römerzeit besiedelt und ihre Weine kannte man in London schon lange vor den *vins de sauterne*. Heute stehen in Barsac eine große Kirche, ein paar Geschäfte und allerlei Werbeschilder, die zum Teil aussehen, als hätte man sie vor 50 Jahren gemalt. Es spricht wenig dafür, hier einen Halt einzulegen. Selbst die Weinberge wirken im Vergleich zu den benachbarten Rebflächen unscheinbar und flach – etwa wie in Pomerol. Doch die leichte Kuppe und der Kalkboden geben den Weinen eine Finesse und Rasse mit, die insbesondere die Châteaux von Coutet und Climens aus der Masse herausheben. Die Kellereien können ihre Weine als Barsac oder Sauternes in Umlauf bringen. Bereiten sie oder alle anderen Châteaux in Sauternes aber einen trockenen Weißen, müssen sie ihn wie den billigsten, gewöhnlichsten Zechwein der Region als Bordeaux Blanc anbieten – das schreiben die widersinnigen AOC-Bestimmungen vor.

Eine von vielen tries *(Durchgängen), die für die Bereitung eines Château d'Yquem erforderlich sind. Durch die zahlreichen Lesedurchgänge wird gewährleistet, dass nur ausreichend reife und von Edelfäule befallene Trauben in die Kelter kommen.*

KAPITEL FÜNF

ENTRE-DEUX-MERS

Viele Weinliebhaber sind vom Glanz der Schlösser und Kreszenzen in den illustren Appellationen von Bordeaux so geblendet, dass sie Entre-Deux-Mers oft übersehen. Dabei wird diese historische Gegend unter echten Bordeaux-Kennern und Einheimischen als Geheimtipp gehandelt. In den hochklassigen Weinbergen und Kellereien zwischen Dordogne und Garonne entstehen heute einige Rot- und Weißweine mit dem besten Preis-Leistungs-Verhältnis im ganzen Bordelais. Und auch der Landstrich mit seinen Städten, Kirchen und Schlössern ist eine Reise wert.

Oben: Château du Mont an den Premières Côtes de Bordeaux gehört zur wachsenden Zahl ambitionierter Güter in der AOC.
Gegenüber: Herbstlicher Morgennebel nördlich von Targon.

ENTRE-DEUX-MERS

km 0 ... 5 ... 10 ... 15 ... 20 ... 25
miles 0 ... 5 ... 10 ... 15

BORDEAUX

Garonne
Dordogne

LIBOURNE

VAYRES

CASTILLON-LA-BATAILLE

STE-FOY

•1
2•

RAUZAN

5

PELLEGRUE

CRÉON
LA SAUVE
•3
4

ENTRE-DEUX-MERS

LANGOIRAN
•8

RIONS
•9

•10
CADILLAC

LOUPIAC

SAUVETERRE-DE-GUYENNE
7

6

Dropt

MONSÉGUR

N

STE-CROIX-DU-MONT

LA RÉOLE

ST-MACAIRE

LANGON

CHÂTEAUX

1 Chapelains
2 Franc-la-Cour
3 Turcaud
4 Bonnet
5 La Tour-Mirambeau
6 Bertin
7 Lacombe
8 Lezongars
9 Carsin
10 Reynon

Wenn ein Teil von Bordeaux einen Charme hat, der über den Reiz als Weinparadies hinausgeht, dann Entre-Deux-Mers – das Land »zwischen den beiden Meeren« oder, um genauer zu sein, zwischen den Flüssen Garonne und Dordogne. Hier winden sich winzige Sträßchen durch üppige Wälder, malerische Täler und über geschwungene Hügel. Natürlich findet man auch in Entre-Deux-Mers ausgedehnte, unübersehbare Rebflächen, doch auf viele Weingärten stößt man ebenso durch Zufall wie auf einige der hübschesten Dörfer, Städte, Schlösser, Burgen, Klöster und Kirchen in der Region.

»Zwischen« zwei Meeren – schon der Name deutet auf einen Übergang hin. Und in der Tat war Entre-Deux-Mers von jeher eine Landschaft, durch die man in erster Linie

Die Mühle von Loubens am Drot: Der Fluss schafft das ideale Mikroklima für die Erzeugung von weißem Süßwein.

86

hindurchreist. Heute durchkreuzt man sie in der Regel auf der *autoroute* von Bordeaux landeinwärts nach Libourne, St-Émilion oder Bergerac. Vor neun Jahrhunderten hingegen war die Gegend eine Etappe, die Pilger auf dem Weg von Fraise oder St-Émilion nach Santiago de Compostela in Spanien hinter sich bringen mussten. Den beschwerlichen Marsch nahmen so viele Gläubige auf sich, dass zwischen 1135 und 1140 tatsächlich ein *guide* herausgebracht wurde, ein mittelalterlicher Vorläufer der heutigen Reiseführer, in dem Routen und Unterkunftsmöglichkeiten genannt waren. In Bordeaux, vermerkte das Handbuch, sei »der Wein ausgezeichnet und Fisch im Überfluss vorhanden, doch die Sprache derb«. Ein etwas milderer Umgangston dürfte im Kloster La Sauve Majeure geherrscht haben. Es wurde 1079 gegründet und bot ausreichend Platz für eine 2000-köpfige Christenschar aus Mönchen und rastenden Pilgern, die von den Priestern gesegnete, hölzerne Brotkästen bekamen. Heute ist die Abtei eine Ruine, doch hat man von der Spitze des 200 Jahre nach der Grün-

dung errichteten Turms einen schönen Blick auf die Umgebung und kann sich gut vorstellen, wie auf den Feldern und Fluren die englischen und französischen Heere im Hundertjährigen Krieg um die Region kämpften. Befestigte Erinnerungen an die Schlachten findet man in Entre-Deux-Mers zuhauf, etwa die Burgruinen von Lagoiran und Rauzan oder den mit einem Wall ummauerten mittelalterlichen Ort Rions.

In friedlicheren Epochen profitierte Entre-Deux-Mers von der Baufreude der Bordelaiser Aristokratie, die Landsitze brauchte, auf die sie sich zurückziehen konnte, wenn sie den Städten in den warmen Sommermonaten den Rücken kehren wollte. In gewissem Sinne war die Gegend das, was Long Island für die betuchteren Bewohner im heutigen Manhattan ist. Und so wie der Geldadel an der Wall Street heute vielleicht einen Architekten mit dem Bau einer schicken Ferienvilla in den idyllischen Hamptons am Atlantik beauftragt, so ließen sich die Anwälte und *parlementaires* von Bordeaux einige ansehnliche *chartreuses* errichten, wie die ein- oder

Oben: eines der vielen Säulenkapitelle in den Ruinen von La Sauve Majeure. Gegenüber: Vor 1000 Jahren diente die Abtei als Herberge für müde Pilger, die auf dem Weg nach Santiago de Compostela zu Tausenden hier Rast machten.

zweistöckigen, breiten Landhäuser genannt wurden. Natürlich gab es auch Rebgärten, doch nur wenige hatten den geeigneten Boden und die Ausrichtung, die für gute Weine einfach unabdingbar sind.

Das gilt zumeist auch für die Appellation Entre-Deux-Mers: Hier entstehen unspektakuläre Rote und Weiße – sofern die Sonne oft genug scheint und die Trauben ausreifen lässt. Um allerdings mehr zu erreichen und in vertrackten Jahren das Wetter zu überlisten, braucht man ungewöhnlich gute Lagen und Winzer. Im spektakulären Château Bonnet kommt beides zusammen. Hier lebt die

Familie von André Lurton, einem der Helden von Pessac-Léognan. Weitere erfolgreiche Erzeuger von Entre-Deux-Mers heißen Camarsac, La Tour-Mirambeau und Turcaud.

Es gehört zu den vielen Absonderlichkeiten des französischen Appellationssystems, dass die Roten und Rosés aus der AOC Entre-Deux-Mers nur als Bordeaux-Wein etikettiert werden dürfen und sich so nicht mehr von anderen Erzeugnissen der Region abheben. Allerdings ist dieser Nivellierungszwang gar nicht so unwillkommen, wie man meinen könnte. Das zeigen die vielen Winzer, die ihren Wein durchaus als Entre-Deux-Mers auf den Markt

Gegenüber: Cabernet-Sauvignon-Trauben in den Rebgärten von Château Roustaing bei Targon. Oben: Château Bonnet, eines der schönsten Güter des Bordelais – und die Wiege einiger der verlässlichsten, preisgünstigsten Weine in der Region.

bringen könnten, ihn aber als einfachen weißen Bordeaux etikettieren, weil der eigentliche Appellationsname der Flüssigkeit in der Flasche keinen sonderlichen Glanz verleiht. Sogar bei guten Bordeaux-Blanc-Weinen wie dem No 1 von Dourthe, der seinen Charakter voll und ganz den Trauben von Entre-Deux-Mers verdankt, lässt man die Herkunft lieber im Dunkeln.

Die AOC Entre-Deux-Mers wird nicht immer für voll genommen, doch zumindest kennt man sie. Allerdings gibt es auch eine Reihe obskurer Anbaugebiete, von deren Existenz kaum jemand weiß. Fragt man Weinhändler nach einem Entre-Deux-Mers-Haut-Benauge, einem Bordeaux-Haut-Benauge, einem Ste-Foy-Bordeaux, einem Côtes de Bordeaux-St-Macaire oder einem Graves-de-Vayres, wird man oft statt einer Flasche lediglich einen verdutzten Blick bekommen. Vor allem Vayres ist viel bekannter wegen seines großartigen, heute als Kongresszentrum genutzten königlichen Schlosses mit prachtvollen Gärten vor malerischer Flusskulisse als wegen seiner Weine. Dabei findet man in den unbekannten Appellationen durchaus einige beachtliche Güter wie die Châteaux

Oft kennzeichnet nur eine Straße oder eine Baumreihe die Grenze zwischen zwei Appellationen. Die Reben im Vordergrund gehören zu den Premières Côtes de Bordeaux, die im Hintergrund wachsen bereits in Entre-Deux-Mers.

Lacombe und Bertin in Haut-Benauge. Immer mehr Erzeuger wollen sich außerdem von der Bordelaiser Masse abheben. Ste-Foy etwa hat eine Qualitäts-Charta herausgebracht, die mit dazu beiträgt, dass die Weine der AOC verlässlicher sind als so mancher Grand cru aus St-Émilion. Von Châteaux wie Franc-la-Cour oder Chapelains etwa wird man noch hören.

Die unbekannten Appellationen müssen sich ihren Ruf erst erarbeiten; ein Quartett aus Zonen entlang der Südwestgrenze von Entre-Deux-Mers aber hat schon eine treue Fangemeinde. Bei einer Fahrt entlang der Garonne versteht man, warum die Gewächse aus den Premières Côtes de Bordeaux, Cadillac, Loupiac und Ste-Croix-du-Mont hochwertiger ausfallen als die Masse der Weine aus der Gegend weiter nordöstlich: Selbst der Laie vermag zu erkennen, dass dieses Terroir mit seinen Südhängen besser für den Weinbau geeignet ist als das Flachland von Entre-Deux-Mers, auf dem die Trauben natürlich schwerer ausreifen.

Die Premières Côtes de Bordeaux sind der Newcomer der Region. Ihren kometengleichen Aufstieg hat die AOC der Arbeit von Châteaux wie Reynon und Carsin zu verdanken. Sie offerieren beide füllige Rote und ausgeprägt charaktervolle Weiße, die es problemlos mit ihren Gegenstücken aus den angeblich besseren Weingärten jenseits

Von links nach rechts: Hohe Sémillon-Reben bei Château du Mont – Blick von Château du Seuil über die Garonne nach Cadillac –
Die jährliche Autorallye bei Cadillac: 2003 feiert der gleichnamige Autohersteller sein 100-jähriges Bestehen – Verschließen eines Tanks bei
Château Carsin, einer der modernsten Kellereien in ganz Bordeaux.

des Flusses in Graves aufnehmen. Das in britischer Hand befindliche Château Lézongars bei Langoiran gibt die Richtung vor: Hier bereitet Jean-Luc Thunevin winzige Mengen intensiver Rotweine, die er zu hohen Preisen veräußert. Er machte sich mit dem Château Valandraud in St-Émilion einen Namen (siehe S. 110).

Die Premières Côtes haben gegenüber ihren südlicheren Nachbarn einen einfachen Vorteil: Heute herrscht eine größere Nachfrage nach Roten als nach süßem Weißwein. Und wenn schon die Erzeuger in Sauternes bisweilen um ihr Überleben kämpfen, kann man sich die Nöte der Châteaux in Cadillac, Loupiac und Ste-Croix-du-Mont vorstellen, deren Flaschen in den letzten Jahren als Bordeaux des armen Mannes gehandelt wurden. Doch man geht seinem Handwerk mit Stolz nach und kann auf eine lange Geschichte zurückblicken. Obendrein hat man eine ein-

94

drucksvolle befestigte Stadt mit elegantem Schloss aus dem 17. Jahrhundert zu bieten, in dem kostbare Deckengemälde zu bewundern sind. Und auch der große Marktplatz, auf dem vor 700 Jahren vermutlich reger Handel mit Fässern des hiesigen Weins herrschte, kann sich sehen lassen.

Cadillac wurde 1973 in den Appellationsstand erhoben und produziert größtenteils süßen, alles andere als üppigen Weißwein. Seit einiger Zeit befindet sich die AOC allerdings im Aufwärtstrend. Als Vorreiter haben sich

Güter wie Château du Juge und Château Fayau erwiesen, auf dessen Kreszenzen nach Art der Sauternes-Weine ganz frech ein sehr Yquem-ähnliches Etikett prangt.

Loupiac-Gaudet, du Cros, die Domaine du Noble und Clos Jean gelten als die hellsten Sterne von Loupiac. In Ste-Croix-du-Mont schließlich stammt der beste Tropfen für gewöhnlich aus dem im 17. Jahrhundert erbauten Château Loubens. Doch auch Crabitan-Bellevue, Lousteau-Vieil und La Rame sind ein Grund, die Gegend zu bereisen.

Oben: Château Ste-Croix-du-Mont, eine gute Quelle spät gelesener Trauben für süße Weißweine mit attraktivem Preis-Leistungs-Verhältnis.
Gegenüber: Weinberg südlich von Castelviel, in dem die Rebstöcke auf den Frühjahrsschnitt warten.

KAPITEL SECHS

LIBOURNE, ST-ÉMILION UND POMEROL

Was wir heute Bordelais nennen, wurde während der letzten tausend Jahre größtenteils als zwei Regionen angesehen, getrennt durch die Dordogne. Östlich des Flusses, am so genannten »rechten Ufer«, wuchsen St-Émilion und Pomerol ganz anders auf als ihre Geschwister Médoc und Graves auf der anderen Seite und standen lange sogar in deren Schatten. Erst gegen Ende des 20. Jahrhunderts schenkte man ihren äußerst eigenständigen Weinen endlich die gebührende Aufmerksamkeit.

Oben: Sauber gegliederte Weinberge in St-Émilion. Die meisten Güter hier erzeugen weniger Wein als ihre Pendants im Médoc.
Gegenüber: Der Silhouette dieser Weingegend ist die militärische und religiöse Vergangenheit der Stadt anzusehen.

Jahrhundertelang beherrschte Libourne den Verkehr auf der Dordogne. Heute ist der Ort eine belebte Marktstadt.

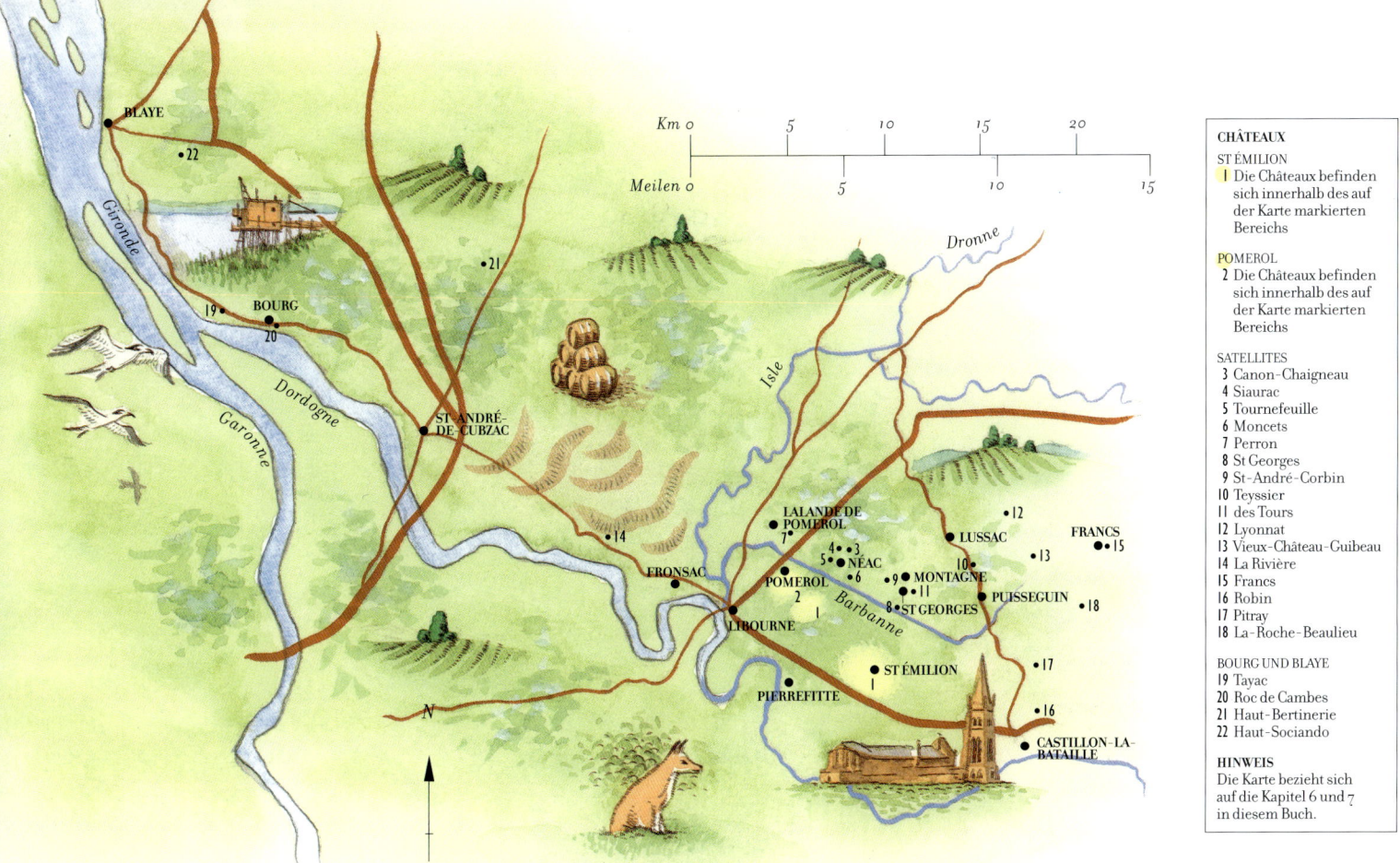

CHÂTEAUX

ST ÉMILION
1 Die Châteaux befinden sich innerhalb des auf der Karte markierten Bereichs

POMEROL
2 Die Châteaux befinden sich innerhalb des auf der Karte markierten Bereichs

SATELLITES
3 Canon-Chaigneau
4 Siaurac
5 Tournefeuille
6 Moncets
7 Perron
8 St Georges
9 St-André-Corbin
10 Teyssier
11 des Tours
12 Lyonnat
13 Vieux-Château-Guibeau
14 La Rivière
15 Francs
16 Robin
17 Pitray
18 La-Roche-Beaulieu

BOURG UND BLAYE
19 Tayac
20 Roc de Cambes
21 Haut-Bertinerie
22 Haut-Sociando

HINWEIS
Die Karte bezieht sich auf die Kapitel 6 und 7 in diesem Buch.

Die Überquerung der Dordogne und die Ankunft im Libournais ist wie ein Ausflug in eine andere Welt. Die Landschaften – man findet gleich mehrere hier – wirken ganz anders als das, was man aus Entre-Deux-Mers und dem Médoc kennt. Gemessen am Bordelaiser Standard fallen die Hänge auffallend steil ab, während der Boden mehr Ton sowie Sand enthält und der Kies nicht ganz so offenkundig sichtbar ist. Die Châteaux muten weniger imposant an; einige der berühmtesten sehen eher aus wie bescheidene Landarbeiterhäuschen. Selbst unerfahrenen Weinliebhabern bleibt oft nicht verborgen, dass die Tropfen vom »rechten Ufer« viel stärker unter dem Einfluss der dominierenden Merlot-Traube stehen. Sie verleiht ihnen einen Stil und Geschmack, der auf der anderen, von Cabernet regierten Seite der Dordogne und Gironde unbekannt ist. Das Markenzeichen der Weine vom rechten Ufer sind Weichheit und Zugänglichkeit, die in den letzten Jahren mit überraschenden Gewürzprisen bereichert wurden.

Als Tor zu den Weingärten von St-Émilion und Pomerol galt einst der alte kleine Flusshafen Pierrefitte. Bald
ging seine Rolle allerdings auf Libourne über. Ein Engländer namens Roger de Leybourne hatte das Dörfchen im
13. Jahrhundert am Zusammenfluss von Dordogne und
dem kleineren Fluss Isle gegründet, der Zugang zu den
Gegenden weiter nördlich bot. Während sich Libourne
als Zitadelle entwickelte, errang die Stadt im Weinhandel
der Region ein ebensolches Monopol wie die Stadt Bordeaux im Médoc und in Graves. Noch heute suche ich als
Allererstes die Degustationsräume eines Händlers namens
Jean-Pierre Moueix am Kai von Libourne auf, wenn ich die
neuesten Jahrgänge der Spitzengüter von St-Émilion und
Pomerol verkosten möchte.

Libourne ist schon immer eine meiner liebsten An-
laufstellen in ganz Bordeaux gewesen. Das unverdorbene
Landstädtchen wird auf einer Seite von der gemächlich
dahinfließenden, baumgesäumten Dordogne gestreift. Es
hat weder der bürgerlichen Attitüde und Eleganz von Bordeaux nachgeeifert noch sich zu einer Touristenfalle nach
Art von St-Émilion herabgelassen. Vielmehr ist es geblieben, was es immer gewesen ist: die Heimat eines dreimal
wöchentlich stattfindenden, kleinen Markts auf der zen-
tralen Place Abel Surchamp, deren Stände sich so dicht an-
einander drängen, dass man manche sogar unter die Bögen
des Rathauses aus dem 15. Jahrhundert gezwängt hat.
St-Émilion ist zwar rund 5 km Luftlinie entfernt, doch
die Weinberge der Appellation und auch die von Pomerol

beginnen, sobald man das letzte Haus von Libourne hinter sich gelassen hat.

St-Émilion ist eine große Appellation. Ihre rund 800 Châteaux erzeugen zusammen 30 Millionen Flaschen Rotwein, die in fast jedem Restaurant, Supermarkt und Weingeschäft der Erde im Angebot zu finden sind. In St-Émilion wird mehr Wein bereitet als in allen vier Spitzengemeinden des Médoc oder allen zwei Dutzend Villages-Appellationen an der burgundischen Côte d'Or zusammen genommen.

Trotz des internationalen Ruhms ist St-Émilion für mich eine der geheimnisvollsten Gegenden von Bordeaux geblieben. Besucher nehmen die auf einem Hügel gelegene römische Stadt mit ihrem Labyrinth aus schmalen Pflastersteingassen, den Treppen und Höfen, dem zweifarbigen Muster aus Ziegeldächern und gelblichen Mauern, der Kirche sowie den Resten der Stadtmauer mit Turm wahr. Sie erinnern sich an die Restaurants, Cafés und Weinläden, die ihre Flaschen eifrig in alle Welt versenden. Und sie können daheim meist erzählen, dass sie einem der Châteaux einen

Gegenüber: Der Verkostungsraum des Händlers J.-P. Moueix in Libourne ist ein Mekka für Weinhändler, während die Bauwerke
von St-Émilion eine Pilgerstätte für Touristen sind. Oben: Hier werden die neuen Jahrgänge von Château Pétrus und anderen Gütern degustiert.
Unweit davon halten die Standbesitzer auf der Place des Armes ihre Waren feil.

MUSÉE

Die Ziegeldächer des Städtchens St-Émilion haben sich über die Jahrhunderte hinweg nicht verändert.

Besuch abgestattet haben, dessen Weine in einem von den Römern vor 2000 Jahren aus dem Fels gehauenen Keller gelagert werden.

Natürlich sind das alles authentische Bilder von St-Émilion. Doch sie sind Teil eines Mosaiks; lässt man den Blick etwas schweifen, wird man ganz anderer Facetten gewahr. So stößt man gleich hinter dem römischen Keller des Couvent des Cordeliers auf ein unscheinbares Haus, in dessen umgebauter Garage der Château Valandraud entsteht, einer der jüngsten und doch schon gefragtesten Weine der Welt. Sucht man nach einigen anderen Gütern vor den Toren der Stadt, wird man sich vermutlich in einem Gewirr aus Landstraßen verirren. Manche Châteaux sitzen ehrwürdig auf einem Hügel, andere liegen über eine Ebene verstreut, auf der man kaum den Hauch eines Gefälles erkennt. Je mehr Zeit man hier verbringt und je mehr Weine man probiert, desto klarer wird einem, dass sich der Anbaubereich und seine Erzeugnisse nicht so einfach in ein Schema pressen lassen.

Wo soll man beginnen? Auch wenn St-Émilion voller Touristenfallen ist, gibt es wohl keinen besseren Ausgangspunkt als die Stadt selbst. Schließlich steht sie unweit des Orts, an dem die ersten Biturica-Reben gepflanzt wurden. Auch eine von Ausonius' Villen (siehe S. 14) sowie einige seiner Weinberge sollen sich in der Nähe befunden haben. Allerdings gibt es über die Verbundenheit des römischen Dichters mit St-Émilion Zweifel, was zum Teil an seiner eigenen stolzen Beschreibung vom Spiegelbild seiner Rebstöcke auf der Oberfläche der »gelb werdenden Garonne« liegt, wie der Bordeaux-Kenner Clive Coates meint. Denn selbst wenn man dem Römer eine gewisse dichterische Freiheit zugesteht, so ist das nächste Gewässer, die Dordogne, doch gut über 2 km weit entfernt. Andererseits weiß man, dass sein Vater, ein Medikus, zwar Rebland an der Garonne besaß, das der Sohn geerbt haben dürfte, Ausonius aber auch noch weitere Parzellen kaufte, von denen eine durchaus in der Nähe des heutigen St-Émilion gelegen haben könnte. Und selbst wenn das nicht der Fall war, so zeigen die Säulen, der Mosaikboden mit einer Darstellung von Trauben an einem Rebstock, die *lagares* (Steintröge, in denen Beeren mit den Füßen zerstampft wurden) und andere galloromanische Artefakte, die man auf dem Anwesen des Château La Gaffelière entdeckt hat, dass ein wichtiger Bürger in der Tat eine ansehnliche Villa direkt unterhalb der heutigen

Weinberge von Château Ausone besessen haben muss. Weitere archäologische Funde legen die Vermutung nahe, dass die Römer auf dem Plateau hinter Ausone in der Nähe von Belair Wein anbauten. Sie setzten die Stöcke in gerade Gräben, die sie in den Felsen gehauen und mit Kalksteinen aus den nahe gelegenen Kellern ausgekleidet hatten, in denen sie den Rebensaft lagerten. Diese Gewölbe wurden im Lauf der Jahre so beliebt, dass noch heute einige Rebberge der Gegend wie bizarre, hängende Gärten von Steinpfeilern gehalten werden.

Auch die frühen Christen schlugen gern Höhlen in das Gestein; sie dienten ihnen als Grotten für das Gebet. Berühmtheit hat vor allem Aemilianus erlangt, der St-Émilion den Namen gab (vor ihm hatte der Ort Lucianacum geheißen): Der Einsiedler lebte in einem Unterschlupf, den er eigenhändig aus dem Kalk gehauen hatte. Émilion, wie man ihn heute nennt, war ein gläubiger Mönch, der Mitte des achten Jahrhunderts auf einer Pilgerreise von der heimischen Bretagne nach Santiago de Compostela in der Gegend Rast machte und beschloss, sich hier niederzulassen. Seine anrührend einfache Felsenklause und sein Steinbett können noch heute in der Cha-

104

pelle de la Trinité besichtigt werden. Sogar die mächtige mittelalterliche Kirche im Herzen von St-Émilion, eine *église monolithe*, wurde in eine Hügelflanke gegraben. Ihr Portal wird von einem Bogen mit detailliert aus Stein gehauenen, heute allerdings meist kopflosen Heiligen überspannt.

Auch mehrere Mönchsorden wählten St-Émilion zur Heimat. Zum Teil wurden sie von den Legenden um den Einsiedler angelockt, der Steine in Brotlaibe verwandeln konnte und sein Mahl mit den Vögeln teilte. Eine dieser Klostergemeinschaften errichtete eine Abtei, die allerdings schon im Hundertjährigen Krieg wieder fast völlig zerstört wurde. Einzig eine eindrucksvolle Mauer hat die Zeiten überdauert: die dreibögigen »Grandes Murailles« ganz in der Nähe des Kreisverkehrs an der nördlichen Zufahrt zur Stadt. Wie die Überbleibsel von Châteauneuf-du-Pape im Rhonetal ist die Ruine zu einer der bekanntesten Ikonen der Weinwelt geworden. Als zweites Wahrzeichen von St-Émilion ragt der markante

105

Turm des vom englischen König Heinrich III. erbauten Château du Roy am Stadtrand empor.

Auf ihm verkündet eine Gruppe von Männern in langen roten Gewändern nach Art der vor 800 Jahren getragenen Roben alljährlich den Beginn der Lese. 1199 verlieh König Johann den wohlhabenderen Bürgern von St-Emilion – Jurade genannt, weil sie ihm Treue geschworen (*juré*) hatten – das Recht auf Selbstverwaltung der Region. Zu den Pflichten der Jurade gehörte das Verkosten des jeweiligen Jahrgangs. Für gut befundene Weine bekamen das Siegel *marque du vinetier* – alle anderen wurden vernichtet. 1948 taten sich die Winzer von St-Émilion zusammen und bildeten erneut eine Jurade; diesmal allerdings war sie vorwiegend als Werbegemeinschaft gedacht. Die heutige Jurade soll über die Weinqualität einer Region wachen, die fast exakt dieselben Grenzen hat wie vor 800 Jahren, was der Verband stolz herausstreicht. Allerdings hatte das ursprüngliche Gebiet, für das die alte Jurade zuständig war,

Gegenüber: St-Émilion ist nach einem gottesfürchtigen Mönch benannt. Auch dieses Fass hat einen religiösen Bezug:
Es enthält auf Château Valandraud bereiteten und ausgebauten koscheren Wein.
Oben: Die Mitglieder der Jurade von St-Émilion verkünden von Château du Roy aus den Beginn der Lese.

Die Ursprünge mancher Weinberge in St-Émilion gehen auf die Tage des Römischen Reichs zurück, wie archäologische Artefakte beweisen. Damit sind sie ungleich älter als ihre Nachbarn im Médoc und in Graves.

wesentlich weniger Rebflächen als das moderne St-Émilion. Idealerweise sollte die Appellation der Neuzeit nicht die kargeren, flacheren, sandigeren Areale der Ebene umfassen; dann hätte es die Jurade auch leichter, sich von der alljährlich auf den Markt schwappenden Flut minderwertiger, nichtssagender, erdiger St-Émilion-Produkte zu distanzieren, die man zuhauf in Supermärkten findet.

Geologisch lässt sich das Anbaugebiet heute im Wesentlichen in drei Bereiche untergliedern. Den Spitzenplatz – in Höhenmetern sowie qualitativ – halten die »Montagnes«, eine Zone oben auf dem Hügel, auf dem auch St-Émilion errichtet wurde, das umliegende Plateau und die »Côtes«, die Kalkhänge unmittelbar südlich, südwestlich und südöstlich der Stadt. Etwas weiter nördlich findet man mehr Ton und Sand und weniger Weine der gehobenen Kategorie. Ein Großteil des Landes im Westen schließlich ist schlichtweg zu sandig für die Erzeugung von wirklich gutem Bordeaux. Bei dieser Beschreibung denkt man vielleicht unwillkürlich an einen weiteren uralten Anbaubereich, die Côte d'Or. Auch dort erstrecken sich die besten Lagen, also die Premiers und Grands crus, auf einem Hangstreifen, der mehr oder weniger ohne Unterbrechung von Dijon in südlicher Richtung nach Santenay verläuft. Doch St-Émilion ist nicht annähernd so einfach

strukturiert: Würde man auf einer Karte die Standorte der Châteaux mit den nach allgemeiner Auffassung besten Gewächsen einzeichnen, könnte man sehen, dass manche auffallend weit verstreut liegen. Auf dem Hügelkamm unweit südlich von St-Émilion stehen dicht aneinandergedrängt die Châteaux Ausone, Belair, Canon und Magdelaine. Gegen Ende des 20. Jahrhunderts hatte sich Ausone wieder einen Platz unter den ganz Großen in Bordeaux gesichert; in den 1980er- und 1990er-Jahren indes waren weder die Liebhaber traditioneller, eleganter Bordeaux-Kreszenzen noch die Anhänger des üppigeren, moderneren Stils von den Weinen dieses 7-ha-Anwesens angetan. Heute sind die 2000 Kisten des Guts das Beste, was St-Émilion zu bieten hat – eine Eisenfaust im Samthandschuh und die ideale *ménage à trois* zwischen der Merlot mit Damaszenerpflaumennote, der würzigeren Cabernet franc mit Anklängen an Schwarze Johannisbeeren und den Kalk-Ton-Hängen, auf denen die Traube heranreift.

Trotz der antiken Wurzeln und modernen Reputation reicht die Geschichte von Ausone als Weingut der Spitzenklasse nur bis in die Mitte des 19. Jahrhunderts zurück. Der Nachbar Belair ist wesentlich älter und galt schon Mitte des 18. Jahrhunderts als Glanzlicht der Region. Heute wacht ein mönchähnlicher, bärtiger Riese namens Pascal Delbeck in den labyrinthartigen Kellern des Château über die weich mineralischen, auf seltsame Weise an Burgunder erinnernden Tropfen. Ich mag Belair, muss jedoch einräumen, dass die Erzeugnisse von hier im Zeitalter der üppigen, fruchtigen, eichengetönten Weine fast schon hartnäckig unmodern sind. Die Geschöpfe von Magdelaine sind vor allem das Werk des durch seine Arbeit für Pétrus bekannt gewordenen Jean-Claude Berrouet. Sie sind stilistisch zwischen den Weinen der beiden Nachbarn anzusiedeln und nehmen durch Delikatheit und duftige Würze für sich ein, was zum Teil auf den höheren Merlot-Anteil zurückzuführen ist. Das letzte Château in diesem Viererbund auf hohem Niveau ist Canon, das seinen Namen und das ansehnliche Gebäude Jacques Kanon verdankt. Er war ein Privatier – oder Pirat, wie manche sagen – und kaufte das Gut 1760. Von ihm ist überliefert, dass er seinem schwarzen Sklaven die Freiheit gab, bevor er das Château verkaufte und sich nach Haiti davonmachte. Nach einem Formtief in den 1980ern zählen die Weine von Canon heute wieder zu den komplexesten und langlebigsten Köstlichkeiten des Anbaubereichs.

Bevor wir einen Abstecher zu den Côtes machen, sollten wir einen Augenblick innehalten und uns mit der Klassifizierung von St-Émilion befassen. Ich habe das lange hinausgezögert, weil dazu ein frustrierender Exkurs in das gallische Weinrecht notwendig ist. Keines der Châteaux der Anbauzone fand Eingang in die Grand-cru-Rangliste von 1855 – vermutlich weil die mit ihrer Aufstellung für die

Château Belair ist eines der ältesten Güter in St-Émilion. Die in modernen Edelstahltanks (links) vergorenen Weine reifen in Kellern (rechts) heran, welche die Römer vor über 2000 Jahren in den Kalk der Hügel oberhalb der Stadt schlugen.

Weltausstellung betrauten Bordelaiser Weinmakler wenig Erfahrung im Umgang mit den Gewächsen aus St-Émilion hatten. Es mag seltsam erscheinen, doch die erste Brücke über die Garonne wurde erst in der Napoleonischen Ära gebaut, wie Clive Coates feststellt. Bis in die Anfänge des 19. Jahrhunderts hinein waren die Weine von St-Émilion und Pomerol fast ausschließlich Sache der Makler in Libourne. Wie dem auch sei, erst 1954 entstand eine Klassifizierung für St-Émilion. Doch die späte Geburt hatte ihre

Vorteile: Man beschloss — eine ebenso vorbildliche wie einmalige Entscheidung für Bordelaiser Verhältnisse —, diese Liste alle zehn Jahre auf den neuesten Stand zu bringen. Und man hat man es bis heute so gehalten.

So weit, so gut. Doch nun wird es etwas komplizierter. In ihrer derzeitigen Ausprägung enthält die Hitliste der Weine 13 Premiers grands crus classés, die wiederum in zwei Kategorien unterteilt werden: Zwei Châteaux bekommen den Zusatz »A« (Ausone und Cheval Blanc) und elf

110

die Einstufung »B« (darunter Angélus, Belair, Canon, Figeac und Pavie). Auf Etiketten sucht man diese Untereinteilung allerdings vergeblich. Hinter den Premiers grands crus classés wurden 55 Güter mit dem Prädikat Grands crus classés ausgezeichnet (z. B. Canon-la-Gaffelière, La Dominique und Troplong-Mondot). Dann gibt es noch 130 Châteaux, die in der Hierarchie überhaupt nicht enthalten sind, sich aber »Grand cru« nennen dürfen, sofern der fragliche Jahrgang bei einer Blindverkostung die nicht so strengen Anforderungen erfüllt. Doch es wird noch komplizierter: In den späten 1980er-Jahren trat ein rebellischer Weinhändler namens Jean-Luc Thunevin auf den Plan und relativierte das Klassifizierungssystem. Der ehemalige Bankangestellte kaufte ein paar Parzellen und machte aus den Trauben einen völlig neuen Wein namens Château Valandraud – und zwar in der Garage seines Hauses mitten in der Stadt St-Émilion. Wie Le Pin, das Pomerol-Erzeugnis, nach dessen Vorbild der Wein zum Teil gemacht ist, wurde er mit allergrößter Sorgfalt in winzigen Mengen (weniger als 750 Kisten) bereitet und beeindruckte sogleich durch den hochkonzentrierten, eichengefärbten Stil, der genau den Geschmack der neuen Generation von Weinliebhabern in den USA und in Asien traf. Heute gehören Valandraud und Konsorten – Le Dôme, Quinault l'Enclos und La Mondotte, um nur einige zu nennen – zu den geschätztesten Essenzen in der ganzen

Der Unterschied zu den strahlenden Gütern von Bordeaux könnte nicht größer sein: Château Valandraud entstand in einer Garage im Herzen von St-Émilion. Die winzigen Weinmengen sind in aller Welt hochbegehrt.

Region. Sie alle finden auch ohne Klassifizierung reißenden Absatz.

Der Einfluss und die Beliebtheit dieser »Garagenweine« war in ganz Bordeaux zu spüren, vermutlich aber nirgendwo stärker als in St-Émilion, wo mittlerweile sogar die Besitzer einiger der ältesten Güter später ernten und mehr Eiche einsetzen, um gehaltvollere Weine mit intensiv sinnlichen Geschmacksnuancen zu bekommen. Zu den Châteaux, die den kontroversen Schritt getan haben und auf die neue Linie eingeschwenkt sind, zählen Angélus, Le Tertre-Rotebœuf und seit kurzem auch Pavie, dessen Ursprünge mit ziemlicher Sicherheit bis in römische Zeiten zurückreichen. Der füllige Charakter der Angélus-Weine überzeugt mich weit mehr als der marmeladige Stil, den Pavie zu Beginn des 21. Jahrhunderts unter einem neuen Besitzer zur Schau stellt. Nicht alle aber teilen diese Meinung. Bewunderer traditionellerer St-Émilion-Tropfen ziehen die Kreationen von Troplong-Mondot, Larmande, La Gaffelière und Clos Fourtet vor.

Das tiefer gelegene Land im Westen der Stadt nannte man einst »Les Graves de St-Émilion«, um ihm etwas von dem Glanz des Bereichs jenseits der Garonne zu verleihen. Wie der Besitzer von Château Figeac, Thierry Manoncourt, erklärte, gab es dabei nur ein Problem: Es war einfach nicht genug Kies da, der den Namen rechtfertigte. Die einzigen nennenswerten Kiesablagerungen häufen sich auf der Kuppe, auf der Cheval Blanc und Manoncourts Gut stehen. Die beiden sind alte Rivalen. Figeac kann auf eine längere Geschichte zurückblicken und hat einen Namen, der sich auf einen Römer namens Figeacus zurückführen lässt. Das stattliche Herrenhaus stammt zum Teil noch vom Ende des 16. Jahrhunderts, während die Weinberge Anfang des 17. Jahrhunderts angelegt wurden. Cheval Blanc wiederum ist der Legende zufolge nach einem Posthaus benannt, wo der dem Wein zugetane König Heinrich IV., ein Liebhaber von Schimmeln, die Pferde zu wechseln pflegte. Das Gut wurde erst relativ spät bekannt. Noch 1832 verkaufte man den Wein als *vin de Figeac*. 1852 allerdings begann sein Stern aufzugehen, als der Besitz in Form einer Mitgift an einen gewissen Jean Laussac-Fourcaud fiel. Der frisch gebackene Ehemann machte sich sogleich daran, die Produktion auf 5000 Kisten zu verdoppeln und Weine zu bereiten, die so vorzüglich gerieten, dass sie auf Wettbewerben in Paris und London sogar Medaillen gewannen. Unterdessen ging es mit Château Figeac bergab, als eine ganze Reihe nachlässiger bzw. abwesender Besitzer die Kellerei herunterwirtschafteten. Erst als Manoncourt das Anwesen 1947 von seinem Vater übernahm, war Schluss mit der Talfahrt. Zu dieser Zeit festigte Cheval Blanc bereits seinen Ruf, einen der erlesensten Weine in ganz Frankreich zu bereiten. Sein 1947er-Jahrgang ist in den meisten Ranglisten der besten Weine aller Zeiten zu finden. Figeac

111

wiederum gilt heute als das St-Émilion-Pendant eines
»super-second«, wie man im Médoc Deuxièmes crus mit
der Qualität eines Premier cru nennt (siehe S. 130-131).

Sie sind schon ein seltsames Paar, die beiden Konkurrenten. Weder passen sie in das Schema des typischen
St-Émilion-Guts, noch ähneln sie ihren Gegenstücken im
benachbarten Pomerol. Der Kies der Kuppe behagt Cabernet-Trauben eher als der Merlot-Rebe, Cheval Blanc ist die
ideale Heimat für Cabernet franc, die zwei Drittel des Verschnitts ausmacht und dazu beiträgt, dass der Wein über-

*Château Figeac (oben) war einst wesentlich berühmter als sein Nach-
bar Château Cheval Blanc (rechts). Beide unterscheiden sich vom übrigen St-Émilion durch die Kieskuppe, auf denen ihre Reben wachsen.*

ragende Eleganz erreicht und dennoch weit zugänglicher ist als die großen Gewächse im Médoc. Auch Figeac setzt auf ein Drittel Merlot, den Rest aber vergibt man zu gleichen Teilen an Cabernet Sauvignon und Cabernet franc.

Die Trennlinie zwischen diesen Châteaux und einigen der Stars von Pomerol ist ebenso schwer zu ziehen wie die Grenze zwischen den Gemeinden in Burgund oder zwischen St-Julien und Pauillac. Vieux-Château-Certan, Beauregard, L'Évangile, Petit-Village und La Conseillante liegen nur einen kurzen Spaziergang weit von Cheval Blanc und Figeac entfernt, doch verkörpern ihre Weine einen ganz eigenen Charakter. In Pomerol entstehen die hedonistischsten Weine des ganzen Bordelais. Aus dem Zusammenspiel von *crasse de fer*, »Eisenschmutz«, dem eisenführenden Gestein, und der in den meisten Verschnitten zu 60-80% enthaltenen Merlot-Traube sowie Cabernet franc ergeben sich Geschmacksnoten, die an Schwarzkirschen, Pflaumen und Dundee Cake erinnern, einen traditionellen schottischen Teekuchen mit Zitronat, Orangeat, Rosinen und Mandeln; hinzu kommt eine erdig-mineralische Note, die jeden Anflug von Marmeladigkeit verhüllt. Bisweilen geben sich auch allerlei Gewürze ein Stelldichein, was aber mehr mit den Bereitungskünsten der Kellermeister als mit dem Boden oder den Trauben zu tun hat.

Überraschenderweise entstehen diese Exoten auf vorwiegend flachem, konturlosem Rebland, auf dem nur ein

eigentümlich herausragender Kirchturm und das eine oder andere, oft recht bescheidene Château den Horizont etwas auflockern. Wer die Weinberge durchfährt, um sich den Ort um das Gotteshaus näher anzusehen, wird enttäuscht: Man findet lediglich ein paar unscheinbare Häuser und ein Gebäude vor, in dem sich – zumindest bei meinem letzten Besuch – seltsamerweise der lokale Judoclub eingerichtet hat. Auf den ersten Blick fragt man sich, warum hier eine so große Kirche steht: Die Einwohner des Dörfchens Catusseau und seiner Weiler in der näheren Umgebung können sie bei weitem nicht füllen. Aufschluss geben die in der Appellation verbreiteten Malteserkreuze. Sie waren das Symbol des »Ritterlichen Ordens St. Johannis vom Spital zu Jerusalem«, dessen Mitglieder auf dem Pilgerweg nach Santiago de Compostela hier Halt zu machen pflegten.

Eines der bekanntesten Kreuze steht auf dem Grund von Château Beauregard, das 1795 nach dem Entwurf eines Schülers von Victor Louis, dem Architekten des Grand Théâtre in Bordeaux, erbaut wurde. Mit seinem Park, dem Burggraben, den rechteckigen Türmen und der von einer Steinbalustrade gesäumten Terrasse ist es eines der eindrucksvollsten Schlösser in ganz Bordeaux. Es diente sogar als Vorbild für die Villa Mille-Fleurs, die Anfang der 1930er-Jahre für die millionenschwere Witwe von Harry Guggenheim auf Long Island errichtet wurde. Dem Imitat fehlen im Grunde nur die Sandsteinmauern.

Das beschauliche, von der Geschichte vergessene Pomerol hat in den 1980er-Jahren zum Höhenflug angesetzt. Deshalb konnten Güter wie Château Rouget (oben) in teure, moderne Kellereigebäude und -ausrüstung investieren.

Gepflegte Weinberge sind in Pomerol eine relativ neue Erscheinung. Bis in die zweite Hälfte des 18. Jahrhunderts hinein wurde ein Großteil des Landes von Pächtern bewirtschaftet, die ihre meist weißen Rebsorten zwischen vielerlei anderen Feldfrüchten anbauten. Der Umstieg auf ernsthaften Weinbau erfolgte erstmals 1750 auf Château Trochau, später Tropchaud genannt. Ein Pionier namens Louis Fontémoing rodete alle Weißweinstöcke, entwässerte das Land und pflanzte Cabernet sowie Malbec. In den nächsten Jahrzehnten folgten mehrere Güter seinem Beispiel: La Conseillante, das eine gewisse Madame Conseillan mit dem Gewinn aus dem Handel mit Metallen gründete, Certan, Nenin, Gazin, Pétrus und Trotanoy, das damals noch Trop-Ennuie, »zu viel Ärger«, hieß. Im Lauf

Oben: Dieses unscheinbare Bauernhaus ist die Heimat des Le Pin, eines der berühmtesten Weine von Bordeaux.
Gegenüber: Auch Pétrus würde wohl niemandem ins Auge fallen, wäre da nicht das Wappen an der Fassade.

des folgenden Jahrhunderts entstanden in der Gegend zwar feine Weine, dennoch blieb Pomerol weitgehend unbeachtet und galt obendrein als Teil von St-Émilion. Die Spitzengüter Pétrus, Vieux-Château und Trotanoy gewannen in Nordfrankreich und Belgien eine Anhängerschaft, doch noch zu Beginn des 20. Jahrhunderts erzielten sie oft wesentlich niedrigere Preise als relativ bescheidene Erzeugnisse aus dem Médoc und aus St-Émilion. Außerdem wurden in Pomerol vergleichsweise winzige Mengen produziert: Rund 3500 Kisten Pétrus und 6000 Kisten Beauregard standen 20 000 Kisten aus einem Médoc-Château der Spitzenkategorie wie zum Beispiel Latour oder Lafite gegenüber. Überhaupt ist Pomerol die kleinste der bedeutenden Appellationen in Bordeaux und verfügt über gerade einmal ein Drittel der Rebfläche von St-Émilion. Deshalb hielt es niemand für notwendig, die Weinberge zu klassifizieren. Und noch heute entstehen hier die kostbarsten nichtklassifizierten Tropfen in ganz Frankreich.

Den derzeitigen Erfolg hat Pomerol zu einem nicht unbeträchtlichen Teil drei Männern zu verdanken. Der erste ist Jean-Pierre Moueix, der bereits erwähnte Händler aus Libourne. Sein mittlerweile von Sohn Christian geführtes Familienunternehmen zeichnet für die Qualität der Weine von Gütern wie La Fleur-Pétrus, Lagrange, Magdelaine, Trotanoy und vor allem Pétrus verantwortlich, die man zum Teil sogar besitzt. Mit den kleinen Mengen von Anfang an zugänglicher, aber dennoch langlebiger, exotisch tiefer, fast sortenreiner Kreszenzen aus dem verräterisch unscheinbar wirkenden Château Pétrus bekam das Weinland Bordeaux nach verbreiteter Meinung überhaupt erst Sexappeal.

Der zweite im Bunde ist der Autor und Kritiker Robert Parker, der einer großen Zahl von Amerikanern der Babyboomer-Generation die Region Bordeaux im Allgemeinen und die üppigen, reifen, sofort spürbaren Freuden der Merlot-Traube im Besonderen näher brachte. Der dritte schließlich heißt Michel Rolland und ist der Besitzer von Château Le Bon Pasteur. Zusammen mit seiner Frau berät er zahlreiche Châteaux. Er half den Kellereien, die reifen Weine zu bereiten, die von Robert Parker und den Lesern seines regelmäßig erscheinenden Rundschreibens *The Wine Advocate* so sehr geschätzt werden. So hat sich Pomerol zum Magneten für Weinliebhaber weltweit entwickelt.

KAPITEL SIEBEN

NÖRDLICH VON POMEROL

Im Norden, Osten und Westen von Pomerol schließen sich Bourg, Fronsac und die Côtes de Castillon an. Dem modernen Weinfreund werden diese Namen nicht im Ohr klingen. Früher jedoch standen sie für einige der begehrtesten Kreszenzen von Bordeaux. Doch die Winzer zehren nicht vom längst verblassten Ruhm: Zusammen mit den Côtes de Francs, Lalande-de-Pomerol und den so genannten »Satelliten« von St-Émilion bescheren sie der Weinwelt einige Tropfen mit dem besten Preis-Leistungs-Verhältnis in der Region. Diese werden oft mit mindestens ebensolcher Sorgfalt bereitet wie ihre Gegenstücke in bekannteren Bordelaiser Appellationen.

Oben: Diese Tafel erinnert an die Schlacht bei Castillon, mit der der Hundertjährige Krieg zu Ende ging.
Gegenüber: Château du Bouilh ist eines der bedeutendsten Güter von Bourg.

Stars kommen und gehen. Die Bereiche Fronsac, Castillon und Bourg gehörten einst zu den klangvollsten Namen in Bordeaux. Heute stehen sie im Schatten von Pessac-Léognan, St-Émilion, Pomerol und dem Médoc. Selbst die Bordelaiser scheinen manchmal zu vergessen, dass diese Anbauzonen zu ihrer Region gehören. Als ich kürzlich in einem Supermarkt in Pauillac einkaufen ging, fand ich den einzigen Wein aus Fronsac auf einem Regal zwischen Corbières- und Minervois-Erzeugnissen aus Languedoc-Roussillon, einem Gebiet, das erst ein ganzes Stück weiter südlich beginnt. In einem kleinen Restaurant in Bordeaux stand auf der Weinkarte ein Côtes de Castillon zusammen mit Tropfen von der Côtes du Rhône unter »Weitere französische Regionen«. Dieser Mangel an Respekt mag ungerechtfertigt erscheinen, für den Weinliebhaber indes hat er einen Vorteil: Die oft übersehenen Appellationen in der Nachbarschaft von Pomerol und St-Émilion sind oft ein Paradies für Schnäppchenjäger.

Wer sich auf die Suche nach guten und günstigen Gewächsen begeben möchte, überquert am besten zunächst ein Flüsschen namens Barbanne (siehe Karte S. 99). Es

Château de Monbadon aus dem 14. Jahrhundert. Es steht an den Côtes de Francs, einem bis vor kurzem sträflich unterbewerteten Anbaubereich. Das Engagement externer Investoren trägt jedoch allmählich Früchte.

121

trennt Pomerol vom »Satelliten« Lalande-de-Pomerol. Dann fährt man weiter durch Wälder und vorbei am verschlafenen Dörfchen Néac bis zu einem etwas höher gelegenen Plateau dahinter. In Lalande-de-Pomerol stößt man auf Güter, deren Geschichte fast 1000 Jahre alt ist. Die Trauben aus den Rebgärten der Châteaux Vieux-Cardinal-Lafaurie und Haut-Chaigneau in Néac wurden schon im 12. Jahrhundert gekeltert. Urkunden zeigen Mönche bei der Pflege ihrer Stöcke in den Weinbergen von Canon-Chaigneau, dem Nachbargut von Haut-Chaigneau. Wie in Pomerol verfügt die Mehrzahl der rund 200 Betriebe über

nur bescheidene Gebäude und kleine Rebgärten. Doch es gibt Ausnahmen, etwa Château Moncets mit den beiden schiefergedeckten, rechteckigen Türmen, Siaurac, Tournefeuille und – mein Lieblingsgut – das malerische Château Perron aus dem 17. Jahrhundert. Je nach Untergrund fallen auch die Weine sehr unterschiedlich aus. Die besten, gehaltvollsten Tropfen stammen aus dem Osten bei Néac, wo der Tonboden den Beeren volle, Pomerol-artige Geschmacksnuancen mitgibt. Güter nahe beim Dorf Lalande-de-Pomerol müssen mit sandigeren Böden zurechtkommen und bereiten so Weine mit weniger Persönlichkeit.

Man findet im Bordelais nur wenig prachtvollere Bauten als Château St-Georges in St-Georges-St-Émilion. Eindrucksvoll aber geraten auch seine Weine, die manch einem Tropfen aus St-Émilion Paroli bieten.

Die Barbanne trennt St-Émilion auch von den nächstgelegenen »Satelliten« St-Georges-St-Émilion und Montagne-St-Émilion, wo man allerdings eine merklich andere Landschaft vorfindet – ein recht wildes, hügeliges, von kleinen Weinbergen durchsetztes Terrain. Dazwischen ragt eines der schönsten Schlösser des Bordelais heraus: Château St-Georges. Es wurde 1770 von dem Architekten Victor Louis erbaut, auf dessen Konto, wie bereits erwähnt, auch das Grand Théâtre in Bordeaux geht. Wenn der füllige, pflaumen- und beerenfruchtige Tropfen von St-Georges ebenso großartig ausfiele wie die Gebäude, würde er sogar einen Cheval Blanc in den Schatten stellen. Natürlich reicht er nicht an ihn heran – wie übrigens keiner der Weine in den Satelliten. Dennoch fällt er wie alle Spitzenerzeugnisse von hier weit besser aus als viele Grands crus in St-Émilion, denen er stilistisch ähnelt. St-Georges ist neben Château St-André-Corbin eines der wenigen Güter, die für ihre Weine die AOC St-Georges-St-Émilion überhaupt in Anspruch nehmen. Die meisten anderen ziehen die AOC Montagne-St-Émilion vor, so auch Château Faizeaux (das den Besitzern von La Croix de Gay in Pomerol gehört) sowie Reclos, Teyssier und Rouzeau (das sich in

Die Kirche St-Jean in Lalande-de-Fronsac wurde im 11. und 12. Jahrhundert errichtet. Ihr Tympanon, eine Darstellung des heiligen Johannes, gehört zu den eindrucksvollsten Werken mittelalterlicher Reliefkunst in der Region.

124

der Hand der Eigentümer von Château Balestard-la-Tonnelle in St-Émilion befindet). St-Georges hat übrigens neben seinem Schloss ein weiteres Juwel der Baukunst zu bieten: eine Kirche aus dem 12. Jahrhundert, in dem sich wahrscheinlich Pilger auf ihrem Weg nach Santiago versammelten. Wer Lust auf weitere architektonische Juwelen hat, begibt sich nach Montagne, wo

eine romanische Kirche mit beachtlichem Relief über dem Eingangsportal steht, oder besucht das mächtige mittelalterliche Château des Tours mit seinen vier Türmen.

Lussac-St-Émilion ist der Schauplatz eines jährlichen »internationalen« Fassroll-Triathlons, aber auch der Entstehungsort zunehmend eindrucksvoller Weine (die besten stammen unter anderem von den Châteaux Cap de Merle und Lyonnat). Mit immer interessanteren Tropfen wartet auch Puisseguin-St-Émilion auf, dessen Name keltischen Ursprungs ist und »Hügel mit dem kräftigen Wein« bedeu-

tet; die Glanzlichter der Appellation heißen Branda und Vieux-Château-Guibeau. Nach verschiedenen Verkostungen bin ich alles andere als überzeugt davon, dass die einzelnen Satelliten eine eigene Identität entwickelt haben. Eines aber steht fest: Hier legt man sich ins Zeug wie in nur wenigen anderen Bereichen von Bordeaux. Das gilt auch für die Côtes de Francs, wo vermutlich schon die Römer Reben kultivierten. Château de Francs in der Nähe des gleichnamigen Dörfchens kann man besichtigen. Es wurde in Etappen vom 12. bis 17. Jahrhundert errichtet und ist von einem malerischen, grasbewachsenen Hof umgeben. Unter den Weinen von den Côtes de Francs empfehle ich La Prade, Marsau, La Claverie und Puygueraud.

Den Bordelaisern gelang es während ihrer langen Geschichte fast immer, Zwistigkeiten untereinander zu vermeiden – sie konzentrierten sich lieber auf den Handel mit

Oben: Das Rathaus von Castillon-la-Bataille legt Zeugnis ab von der früheren Bedeutung dieses Flusshafens, dessen Name an die Entscheidungsschlacht im Hundertjährigen Krieg erinnert.
Gegenüber: Die Weine von diesen Stöcken an den Côtes de Castillon kamen einst als einfacher Bordeaux in den Handel.

Oben: Steile Weinberge sind in Bordeaux selten; diese hier zählen zu den ältesten in der Region.

Gegenüber: Die historische Bastide de Blaye nimmt eine Fläche von 18 ha ein. Sie entstand auf den Ruinen eines römischen Kastells und war Teil einer Verteidigungskette, die der Baumeister Vauban für Ludwig XIV. entwarf.

so vielen Partnern wie möglich. Ihr Land hingegen diente des Öfteren anderen als Schlachtfeld. Die wohl erbittertste Auseinandersetzung war der Zusammenstoß der französischen mit der englischen Armee am 17. Juli 1453 bei Castillon, als die Franzosen unter Karl VII. die von John Talbot, dem Earl of Shrewsbury, geführten Engländer schlugen. Mit dem Sieg gingen der Hundertjährige Krieg und die englische Besatzung Aquitaniens zu Ende. Der malerische alte, zum Teil noch von einer Stadtmauer umgebene Ort, in dessen Nähe das Gemetzel stattfand, wurde zur Erinnerung an die Schlacht in Castillon-la-Bataille umbenannt. Er kann jedoch auf eine viel facettenreichere

Geschichte als bedeutender Flusshafen zurückblicken. Seine einst als Bordeaux Supérieur etikettierten Weine treten heute nicht selten mit den Erzeugnissen aus St-Émilion in den Wettbewerb – wenn auch manchmal nur, weil Besitzer von Gütern in der illustren Nachbar-Appellation hier investieren. La-Roche-Beaulieu, Pitray, Faugères und Robin sind Namen, die man sich merken sollte.

Eindrucksvoller als die Tropfen von den Côtes de Castillon fallen in der Regel die Gewächse aus Fronsac und Canon-Fronsac westlich von Libourne aus. Hier findet man nicht nur einige der steilsten Rebhänge von Bordeaux, die Gegend gilt auch als das vermutlich älteste Anbaugebiet

128

Oben: Noch nie haben sich Winzer so sehr um Qualität bemüht wie heute. Labore wie das hier in Bourg analysieren Weine vor der Abfüllung.
Oben rechts: Der Durchgang mit gemauertem Bogen wurde direkt in den Fels gehauen.
Gegenüber: Seit es die Weinregion Bordeaux gibt, wurden Weine von dieser Mole in Bourg aus verschifft.

von Rang. Bevor Libourne den Handel entlang der Dordogne zu dominieren begann, war Fronsac ein wichtiger Hafen und kam zu solchem Reichtum, dass hier mehrere Schlösser entstanden. Eines davon ist Château La Rivières aus dem 13. Jahrhundert, das wie eine Kulisse für einen alten Polanski-Film aussieht und über zahlreiche in den Hang gegrabenen Kellern wacht. 600 Jahre lang verteidigten die Weine von Fronsac ihren Platz unter den begehrtesten Tropfen im Libournais. Noch Mitte des 19. Jahrhunderts listete der deutsche Weinhändler Wilhelm Franck in seiner *traité* acht Fronsac-Güter auf, während aus Pomerol

nur eines Erwähnung fand. Welcher Wohlstand damals geherrscht haben muss, kann man beim Anblick der alten Kaufmannshäuser im stillen Flussdorf Fronsac erahnen.

Wenn man entlang dem rechten Ufer der Dordogne und Gironde weiter nach Norden vorstößt, gelangt man nach Prignac-et-Marcamps. Hier wurde eine Höhle mit prähistorischen Felsenmalereien entdeckt – eine der ältesten Spuren menschlicher Ansiedlungen in der Region. Der Mensch der Vorzeit mag die Gegend als idealen Platz für die Jagd nach Bisons und Mammuts empfunden haben, für die Römer indes war das etwas näher am Meer gelegene

Bourg ein geeigneteres Terrain. Sie konnten an einem strategisch günstigen Fleck ein Kastell errichten, von dem aus man Zugang zum Fluss hatte, außerdem einen Hafen bauen und einige Weinberge anlegen. Wenn man heute in der ummauerten, abgestuften Stadt zum Wasser hinunterspaziert, sieht man den Häusern an, wie wichtig dieser Ort früher gewesen sein muss. Trotzdem kann man es kaum glauben, dass Bourg einst ein größerer Umschlagsplatz war als Bordeaux. Vor gar nicht allzu langer Zeit sagte man den Roten und Weißen von den Côtes de Bourg eine große Zukunft voraus – leider haben sie die Erwartungen nicht erfüllt. Die Winzer legten so wenig Ehrgeiz und Geschick an den Tag, dass selten etwas Besseres als Bordelaiser Massenwein entstand. Als Ausnahmen haben sich die Châteaux

Tayac und Roc de Cambes erwiesen, die dem Besitzer von Le Tertre-Roteboeuf in St-Émilion gehören.

Noch einmal ein Dutzend Kilometer weiter nördlich liegt Blaye, ein weiteres Weinbaugebiet mit ungenutztem Potenzial, das obendrein mit drei Appellationen für Verwirrung sorgt: Blaye, Côtes de Blaye und Premières Côtes de Blaye. Die ersten beiden sind mehr oder weniger austauschbar, sieht man einmal davon ab, dass die AOC Côtes de Blaye nur für Weißwein gilt. An den Premières Côtes, wo Rote und Weiße entstehen, sollte man idealerweise Weine vorfinden, die etwas reifer und voller im Geschmack sind. Was möglich ist, zeigen die exzellenten Weißen von Haut-Bertinerie, die Roten von La Tonnelle und Haut-Sociando sowie der Garagenwein Passion du Prieuré Malesan.

WEINWAHL IN BORDEAUX

Die Auswahl und der Kauf einer Flasche Wein in Bordeaux ist ein bisschen wie eine Reise mit mehreren unvollständigen und oft sogar widersprüchlichen Landkarten. Eine Regionalkarte mit den fast fünf Dutzend Appellationen sollte zumindest einen groben Eindruck von dem voraussichtlichen Weinstil vermitteln. Die Roten vom »rechten Ufer« der Gironde und Dordogne, also in erster Linie aus den AOCs St-Émilion und Pomerol, aus den »Satelliten« sowie aus Castillon, Bourg, Blaye und Fronsac, sind stärker von der weichen, pflaumenfruchtigen Merlot-Traube geprägt als die tanninherberen, an Schwarze Johannisbeeren erinnernden Cabernet-Sauvignon-Tropfen vom »linken Ufer«, insbesondere aus dem Médoc und aus Graves. Eine detailliertere Karte wiederum sollte Aufschluss über den spezifischen Charakter einer Appellation geben, der aus dem Zusammenspiel von Boden, Ausrichtung und Rebsorten entsteht.

Anhand dieses Charakters kann ein erfahrener Verkoster einen Wein seiner Herkunfts-AOC zuordnen, selbst wenn er ihn noch nie vorher probiert hat. Doch es gibt Ausnahmen, denn immer mehr Winzer lassen die Zwänge ihrer Zone hinter sich und

steigen auf andere Weinbau- und Bereitungsmethoden um. Einige moderne »Garagenweine« aus St-Émilion fallen z.B. so würzig, superreif und eichengetönt aus, dass man sie oft mit einem Gewächs von der Rhone oder aus Australien verwechselt.

Auch das Appellations-Wirrwarr ist alles andere als leicht zu durchschauen. Der Rote von Château Mouton-Rothschild etwa ist ein Pauillac, während der Weiße wie jeder andere Weißwein aus dem Médoc nur als Bordeaux Blanc verkauft werden darf. Das Château de Seuil in der Nähe der Garonne erzeugt fünf verschiedene Appellationsweine von ein und derselben Rebfläche: einen Bordeaux und einen Premières Côtes de Bordeaux in Rot sowie einen süßen Cérons, einen Graves und einen Bordeaux Blanc in Weiß. Obendrein kann man von einer Regional-Appellation nie auf die Qualität des Weins schließen. Die besten Lagen von St-Émilion sind offiziell als Grand cru eingestuft, doch daneben gibt es eine Menge sorglos bereiteter Tropfen, die einem Vergleich mit den Erzeugnissen anderer qualitätsbewusster Châteaux ohne Grand-cru-Status nicht standhalten. Der Zusatz »Supérieur« bei einem roten Bordeaux deutet darauf hin, dass er aus reife-

rem Lesegut als die unterste Bordeaux-Kategorie gemacht ist. Doch natürlich spielt wieder einmal eine sehr große Rolle, mit wie viel Geschick und Sorgfalt die Trauben zu Wein verarbeitet werden. Die Qualität ist so unterschiedlich, dass viele gute Kellereien und Händler lieber auf die Nennung der Supérieur-Appellation verzichten.

Die Bordelaiser haben über die Jahre hinweg versucht, mit der Einführung von Klassifizierungen die Spreu vom Weizen zu trennen – leider viel zu inkonsequent. Im Médoc und in Sauternes muss man nach wie vor mit den 1855 festgelegten Crus-classés-Listen zurechtkommen. Während das Médoc damals in fünf Qualitätskategorien eingeteilt wurde, begnügte man sich bei Sauternes mit drei. Das einzige Château aus Graves, das es 1855 in die Hitparade der Weingüter schaffte, war Haut-Brion. Die übrigen Erzeuger der Zone mussten mit den Roten bis 1953 und den Weißen bis 1959 warten. Doch eine detaillierte Rangordnung gibt es noch immer nicht: Die Graves-Weine, ob rot oder weiß, sind entweder Crus classés oder gar nichts.

Eines haben die Médoc-, Graves- und Sauternes-Klassifizierungen gemein: Abgesehen von der Beförderung Mouton-

Rothschilds vom Deuxième zum Premier cru, die man als Korrektur eines historischen Versäumnisses rechtfertigte, sind sie alle in Stein gemeißelt. Es spielt keinerlei Rolle, dass viele Güter mehrfach die Besitzer wechselten oder in einigen wenigen Fällen als unabhängige Güter sogar aufhörten zu existieren, so etwa Château Peixotto. Unerheblich ist auch, dass die Eigentümer Rebflächen kauften und heute Wein von Hängen bereiten, die vor eindreiviertelhalb Jahrhunderten noch nicht zu ihrem Grundbesitz gehörten. Und ebensowenig wird den aktuellen Bemühungen Rechnung getragen. Die benachbarten Châteaux Rauzan-Gassies und Rauzan-Ségla sind beide offiziell als Deuxièmes crus eingestuft. Rauzan-Ségla verdient diesen Rang auch, obgleich das Gut in den 1970er-Jahren eine Schwächephase zeigte. Rauzan-Gassies hingegen könnte man ohne weiteres auf einen Platz unter den Cinquièmes crus zurückstufen. Mehrere Güter wie Chasse-Spleen, Potensac, Angludet und Sociando-Mallet sind überhaupt nicht in der Klassifizierung von 1855 vertreten, warten aber heute mit Erzeugnissen auf, die mit denen von Rauzan-Gassies locker mithalten. Diese unterhalb der Crus-classé-Stufe angesiedelten Qualitätserzeuger wurden unter der Bezeichnung »Cru bourgeois«

zusammengefasst und 2003 klassifiziert. Auf Beförderung wartet zudem eine Reihe von Gütern, die sich als »super-seconds« etabliert haben und ihre gleichrangigen Mitstreiter regelmäßig ausstechen. Dazu zählen etwa Léoville-Lascases, Léoville-Barton, Pichon-Longueville-Baron, Pichon-Longueville-Comtesse-Lalande, Cos d'Estournel und Ducru-Beaucaillou, verwirrenderweise aber auch niedriger eingestufte Kellereien wie das Troisième-cru-Château Palmer oder Lynch-Bages, das als Cinquième cru klassifiziert ist.

Etwas besser hat St-Émilion seine Weinliga im Griff: Die Klassifizierung von 1955 wird mittlerweile alle zehn Jahre auf den neuesten Stand gebracht. Nachlassende Betriebe werden degradiert, während Erzeuger mit beständig herausragender Leistung aufsteigen können. Doch ganz ohne Haken und Ösen geht es auch hier nicht: Die Ähnlichkeit zwischen den »Grands crus classés« und den »Grands crus«, die ihren Status der Regional-Appellation Grand Cru St-Émilion verdanken, sorgt immer wieder für Verwirrung. Und Pomerol kommt ganz ohne offizielle Klassifizierung prächtig aus.

Die Betonung liegt allerdings auf »offiziell«, denn wer einen Wein aus Bordeaux erstehen will, kann auf eine Menge inoffizieller Bewertungen durch unabhängige Kritiker zurückgreifen. In Frankreich ist die bestunterrichtete Informationsquelle Michel Bettane, der zusammen mit Thierry Deseauve alljährlich ein *classement* verfasst. Er bewertet die Güter wie der *Guide Michelin* mit ein, zwei oder drei Sternen. In den Vereinigten Staaten – aber auch weltweit – ist Robert Parker der einflussreichste Bordeaux-Kenner; seine Bücher wurden in zahlreiche Sprachen übersetzt. Parker stuft die Châteaux in überdurchschnittliche, sehr gute, hervorragende und außerordentliche Erzeuger ein und vergibt 50 bis 100 Punkte. Der britische Weinkritiker Clive Coates arbeitet mit einem

20-Punkte-System. Hervorragende Kenner sind auch Jancis Robinson und Steve Tanzer. Darüber hinaus enthalten Magazine wie der *Decanter*, *La Revue du Vin de France*, der *Wine Spectator* und *International Wine* (dessen Herausgeber ich bin) Empfehlungen und Hintergrundinformationen. Schließlich bekommt man auch von spezialisierten Händlern nützliche Tipps. Mein Rat: Gehen Sie vor wie beim Aktienkauf und verlassen Sie sich nicht auf eine einzige Quelle.

Kritiker und Händler haben gegenüber den offiziellen Klassifizierungen den Vorteil, dass sie die Qualität und den Stil des Weins aus einem konkreten Jahrgang bewerten können. Das Klima schwankt in Bordeaux sehr stark; manche Jahre fallen wesentlich kühler und nässer aus als üblich. Zuweilen verwöhnt die Witterung nur bestimmte Bereiche der Region, so dass z. B. die Merlot-Traube in St-Émilion in einem Jahr bessere Weine erbringt als die Cabernet-Rebe im Médoc – oder umgekehrt. In großen Sauternes-Jahrgängen können magere Rote entstehen. In der Regel aber gilt: Je schwieriger die Bedingungen, desto mehr Vorteile haben Weinberge in guter Lage, deren Reben viel Sonne bekommen und auf stark durchlässigen Böden wachsen. Nicht immer aber lassen sich Jahrgänge so einfach vergleichen. In manchen Jahren brauchen die Weine einfach mehr Zeit, um weicher zu werden. Einige Jahrgänge liefern leichte, kurzlebige Tropfen, andere Weine mit rauem, unreifem Geschmack. Mehr als je zuvor aber gelingt es guten Kellermeistern heute, ihre weniger geschickten Nachbarn in schlechten Jahren auszustechen – und wenn sie so weit gehen müssen, nur die allerbesten Posten zu behalten. Das ist ja das Faszinierende am Wein im Allgemeinen und am Bordeaux im Besonderen: Er ist keine festgefügte Kathedrale oder ein Gemälde, vor das man sich immer wieder stellen und es bewundern kann, sondern ein wandlungsfähiges Wesen, das von Jahr zu Jahr, von Flasche zu Flasche und von Glas zu Glas anders ausfallen kann.

DAS TERROIR

Fragt man einen Erzeuger aus der Neuen Welt, was den Geschmack seines Weins beeinflusst, wird er eine ganze Reihe von Faktoren aufzählen. An erster Stelle wird er wohl die Rebsorten nennen, dann das Klima, außerdem die Fertigkeiten und Methoden des Kellermeisters. Nach einigem Überlegen wird ihm noch der Boden einfallen, auf dem seine Stöcke stehen. Stellt man einem Franzosen dieselbe Frage, kann es gut sein, dass man als Antwort nur ein einziges Wort bekommt: *terroir*. Das Terroir, für das es keine angemessene Übersetzung gibt, umfasst im Grunde das Zusammenwirken zwischen dem jeweiligen Boden in einem Weinberg und dem Mikroklima, das wiederum von der Hangneigung und -ausrichtung, aber auch von nahe gelegenen Bergen, Wäldern oder Flüssen beeinflusst wird. Auch die Rebsorte gehört zum Terroir, nicht jedoch der Faktor Mensch. Interessanterweise gibt es in Frankreich kein Äquivalent für den allumfassenden Begriff »Weinmacher«, sondern nur den *vigneron* bzw. *viticulteur*, also den Weinbauern, im Gegensatz zum *maître de chai*, wie der Kellermeister im Bordelais heißt.

Für den französischen Weinfreund sind die Bereitungsmethoden also zweitrangig – dagegen möchte er aus dem Wein die mineralische Zusammensetzung des Kies- oder Kalkbodens herausschmecken. Er wird zwar die Anklänge an Schwarze Johannisbeeren in einem Cabernet oder die Pflaumen- und Kirschnoten in einem Merlot zur Kenntnis nehmen, sie aber lediglich Instrumente in einem Orchester betrachten, in dem der Weinberg die erste Geige spielt. Nach Ansicht von Jean Delmas von Château Haut-Brion soll der Bodengeschmack dominieren und nicht der Charakter der Rebsorte.

Französische Traditionalisten wollen nicht, dass der Name der Traube auf dem Etikett von der Herkunft des Weins ablenkt. Sie erschaudern, wenn man ein modernes Bordelaiser Erzeugnis lobend erwähnt, das angeblich einem kalifornischen Cabernet oder einem Gewächs von der Rhone bzw. aus Burgund ähnelt. Sie schätzen Authentizität und Lagencharakter mehr als den reinen Genuss. Für andere wiederum steht das Trinkvergnügen an vorderster Stelle. Ich ziehe die goldene Mitte vor. So genieße ich die subtilen, doch spürbaren Unterschiede zwischen den klassischen Weinen von Pauillac und St-Julien, würde aber einem wohlschmecken-den, untypischen Bordeaux-Wein jederzeit den Vorrang vor einem Tropfen geben, der mit seinem Herkunftscharakter nur die negativen Wesensmerkmale seines Anbaugebiets hervorhebt.

DER BODEN

Man muss kein Gärtner oder Geologe sein, um die Unterschiede zwischen den Böden der einzelnen Bereiche in Bordeaux zu erkennen. Im Médoc und in Graves sind die besten Weinberge, etwa von Margaux oder Haut-Brion, mit blassgrauen Kies bedeckt. Er ist wasserdurchlässig und der ideale Untergrund für Cabernet Sauvignon (siehe Foto S. 134). In St-Émilion und Pomerol dagegen findet man schwerere, eher für Merlot und Cabernet franc geeignete Böden. Selbst innerhalb einer Appellation aber gibt es einzelne besonders gute Lagen, die sich vom Rest der Zone abheben. Cheval Blanc und Figeac in St-Émilion etwa nehmen beide eine *croupe* ein, eine niedrige, kiesige Kuppe, die buchstäblich aus den flachen, tonigeren Rebflächen der Nachbarn herausragt. Deshalb haben die Weine der beiden Châteaux auch einen höheren Cabernet-Anteil. Andere, weniger strahlende St-Émilion-Güter müssen mit

133

flachem, sandigem Areal zurechtkommen, auf dem nie große Weine entstehen werden.

DIE TRAUBEN

134

Roter Bordeaux wird zwar mit wenigen Ausnahmen aus einem Verschnitt unterschiedlicher Rebsorten bereitet, das exakte Mischungsverhältnis aber (*assemblage* genannt) unterscheidet sich von Château zu Château und Jahrgang zu Jahrgang. Es hängt vom Boden, dem gewünschten Stil und der Reaktion jeder Traube auf das jeweilige saisonale Klima ab. Im Lauf der Jahre sind einige Varietäten in Bordeaux fast ausgestorben, während andere immer populärer wurden. Im 19. Jahrhundert waren z.B. noch Carmenère und Tarney Coulant gebräuchlich, die mittlerweile völlig verschwunden sind. Malbec wird kaum noch für Spitzenweine verwendet, war aber einmal ein fester Bestandteil von Bordeaux-Weinen. Die heute allgegenwärtige Merlot und die mittlerweile verbotene Syrah wiederum dienten als »Zusatzrebsorten«, mit denen man Mängel anderer Trauben ausbügelte.

Cabernet franc

Abgesehen von Cheval Blanc, wo sie mit zwei Dritteln des Verschnitts den Mehr-

heitsanteil hält, ist Cabernet franc die Bordelaiser Nebendarstellerin par excellence. Während Merlot und Cabernet Sauvignon sich hier und auf anderen Weinbühnen der Welt im Rampenlicht sonnen, gibt Cabernet franc nur noch in Chinon und Bourgueil an der Loire Gastspiele von Bedeutung. In Bordeaux vereint sie in sich die Vorzüge von Cabernet Sauvignon (Schwarze Johannisbeere und Minze im Geschmack) und Merlot (frühe Reife, Tonverträglichkeit, weichere Tannine), vermag sich aber nur selten zu den Höhen aufzuschwingen, zu denen die beiden anderen fähig sind. In

den Weinen des Médoc hält sie oft den dritten Platz, in St-Émilion aber ist sie die ideale Partnerin der Merlot.

Cabernet Sauvignon

Die unumstrittene Königin von Bordeaux ist im Grunde ein Newcomer. Im Médoc wurde sie erst Anfang des 19. Jahrhunderts heimisch – 2000 Jahre nachdem einer ihrer genetischen Elternteile, Cabernet franc, aus Albanien hierhergebracht wurde. Und doch entwickelt sie gerade im kiesigen Boden dieser Gegend von Bordeaux und in Graves ihre köstlichsten Anklänge an Schwarze Johannisbeere und Zedern. Im Médoc ist sie in der Regel zu 40 bis 50 % in Verschnitten enthalten, während sie in Graves oftmals einen Anteil um 60 % hält. Cabernet Sauvignon mag es weder zu warm, da ihre Weine sonst zu marmeladig und überreif ausfallen, noch zu kühl, denn dann gibt sie den Erzeugnissen einen »grünen«, grasigen Geschmack mit. Ein weiteres Problem können die Tannine darstellen, die für die Langlebigkeit von Bordeaux-Weinen auf Cabernet-Sauvignon-Basis mitverantwortlich sind. Die Erzeuger runden ihre of zu harten Kanten ab, indem sie Cabernet Sauvignon ein Viertel bis ein Drittel Merlot im Verschnitt zur Seite stellen. Der Rest wird mit Cabernet franc und in manchen Fällen etwas Petit Verdot aufgefüllt. In St-Émilion und Pomerol kommt die Traube wesentlich seltener zum Einsatz, wird aber gern an kiesigen Stellen gepflanzt und zu 10 % am Traubenmix beteiligt.

Merlot

Die Rebsorte mit dem klangvollen Namen liefert geschmeidige, pflaumige, süffige Tropfen, vor allem in den ersten Jahren nach der Lese. Sie reift früher als Cabernet Sauvignon und kommt besser mit den schwereren Böden in Appellationen wie St-Émilion und Pomerol zurecht, auf denen ihre Partnerin Mühe hat, überhaupt auszureifen. Allerdings braucht Merlot eine geschickte Winzerhand, sonst entstehen aus ihr lediglich dünne und krautige oder aber dumpfe, erdige Tropfen. Die fast reinsortigen Merlot-Weine von Pétrus und Le Pin sind eher Ausnahmen, denn die meisten Gewächse aus St-Émilion und Pomerol werden mit Cabernt franc und in weit geringerem Maß mit Cabernet Sauvignon verschnitten. Die Köstlichkeiten von Angélus, Ausone und Vieux-Château-Certan enthalten lediglich 50 bis 60 % Merlot; in einem Cheval Blanc, den viele Kritiker für das Glanzlicht von St-Émilion halten, ist Merlot sogar nur zu einem Drit-tel enthalten. Der Stil der von Merlot be-einflussten Weine hängt sehr stark vom Reifegrad des Leseguts ab: Je später geern-tet wird, desto fülligere, würzigere Ge-schmacksnuancen mit Anklängen an Obst-kuchen entwickeln sie, was allerdings dann auf Kosten von Subtilität und Finesse geht. Mit anderen Worten: Mahler oder Mozart.

Petit Verdot

Die Petit-Verdot-Traube bringt eine pfeff-rige, würzige Note mit ins Spiel, die man bei Cabernet- oder Merlot-Erzeugnissen nie antrifft. Sie gilt in vielen Médoc-Wei-nen als unverzichtbarer Bestandteil und kommt dort auch wesentlich häufiger zum Einsatz. Seltsamerweise sind sich die Win-zer auffallend uneins über sie: Die einen beklagen sich darüber, dass sie nie aus-reift, während ihre Nachbarn sie Jahr für Jahr zu 2 bis 8 % in ihre Weine einfließen lassen. Des Rätsels Lösung: Es kursieren zwei Klone der Rebe, die unterschiedlich schnell reifen. Der bessere der beiden verhilft der Petit Verdot derzeit zu einem Comeback, allerdings nicht in Pomerol, wo sie nach wie vor verboten ist.

Sauvignon blanc

Die Weißweinrebsorte liefert die meisten einfachen, trockenen weißen Bordeaux-Weine im Alleingang, mischt aber auch in vielen hochklassigeren Weißen vorne mit. In einem Smith-Haut-Lafitte und Cou-hins-Lurton ist sie zu 98 bis 100 % vertre-ten. Andere große Gewächse enthalten einen geringeren Anteil; Haut-Brion und Pape-Clément Blanc etwa setzen sich zu nur 45 % aus Sauvignon blanc zusammen. Eine Nebenrolle spielt sie auch in den Süßweinen von Sauternes und Barsac. Es lohnt sich, nach ihrer rauchigeren Cousine Sauvignon gris Ausschau zu halten, einer noch selteneren, aber zunehmend beliebten Traube.

Sémillon

Wesentlich kapriziöser als Sauvignon blanc ist Sémillon. Die in Hochform köst-lich pfirsichfruchtige Diva braucht einen geschickten Winzer, da sie sonst nichts-sagend und erdig gerät. Ihr Anteil an trockenen Verschnitten liegt zwischen fast 0 und 70 % (beispielsweise bei Laville-Haut-Brion). Ihre eigentliche Stärke aber sind die Süßweine. Das hat sie ihrer be-sonderen Anfälligkeit für Edelfäule zu ver-danken, die eine Grundvoraussetzung für jeden großen Sauternes ist. In ihnen hält sie 75 % (Château Coutet) bis 100 % (Château Climens) Anteil; üblich sind 80 bis 85 %.

135

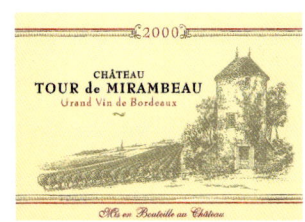
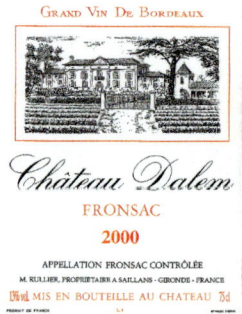
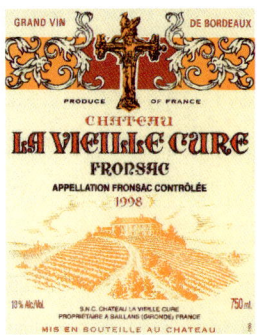

EMPFEHLENSWERTE CHÂTEAUX

BARSAC

Climens Das typische Barsac-Gut erzeugt etwas zartere Weine als im benachbarten Sauternes üblich. Sie fallen jedoch ebenso fein und langlebig aus.

CANON-FRONSAC

Canon de Brem Ein führendes Gut in einer unterbewerteten Region, die früher in höherem Ansehen stand. Feine Weine auf Merlot-Basis.

CÔTES DE BOURG

Roc de Cambes Der Star in einer Appellation mit manchmal etwas rustikalen Weinen. Gut gemachte, von Merlot geprägte Tropfen mit gewisser Subtilität.

CÔTES DE CASTILLON

Clarière-Laithwaite Das Erzeugnis eines englischen Weinhändlers. Ein pflaumenfruchtiger Wein auf Merlot-Basis, der bei Blindverkostungen schon wesentlich berühmtere Nachbarn aus dem Rennen geschlagen hat.

CÔTES DE FRANCS

Puygueraud Wer hohe Qualität zum günstigen Preis sucht, greift zu den Roten dieses Guts. Es gehört der Familie Thienpont, die auch Le Pin, Vieux-Château-Certan und Labégorce-Zédé besitzt.

ENTRE-DEUX-MERS

Bonnet Eines der schönsten Châteaux in Bordeaux und Sitz der Familie Lurton, die außerdem noch hochklassigere Güter wie La Louvière ihr Eigen nennt. Hier entstehen preisgünstige, verlässliche, trockene Weiße Entre-Deux-Mers und ein guter roter Bordeaux.

La Tour-Mirambeau Das Gut macht Bonnet den Spitzenplatz in der AOC streitig. Es erzeugt einen beständig köstlichen, cremigen, trockenen Weißwein.

FRONSAC

Dalem Klassischer Fronsac-Wein in Hochform, der die Pflaumennote der Merlot mit wilden Himbeeren bereichert. Preisgünstig und lagerfähig.

La Dauphine Eines der Flaggschiffe von Fronsac. Seine Spezialität: sofort zugängliche, von Merlot beherrschte Weine mit dem rechten Quäntchen Eiche.

La Rivière Das Gruselschloss auf einem Hügel verfügt über zahlreiche Felsenkeller. Die Weine präsentieren sich maulbeerfruchtig und voll, insbesondere die neue Prestige-Cuvée.

Vieille-Cure Eines der modernen Vorzeigegüter von Fronsac. Die Kellerei hat von Investitionen der amerikanischen

 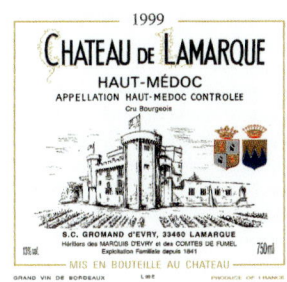  

Besitzer und dem Rat des allgegenwärtigen Michel Rolland (Le Bon Pasteur) profitiert.

GRAVES

Cardaillan Die Roten aus Graves werden oft übersehen, weil derzeit üppigere, vollere Kreszenzen höher im Kurs stehen. Der Wein von Cardaillan aber ist die Quintessenz des leichten, preiswerten roten Bordeaux.

Clos Floridène Das Gut war im 19. Jahrhundert für seine trockenen Weißen der Spitzenklasse berühmt. Dank der Arbeit von Besitzer, Kellermeister, Berater, Weinguru und Önologe Denis Dubourdieu setzt es auch heute noch Maßstäbe.

HAUT-MÉDOC

Beaumont Das Gut gehört demselben Besitzer wie Château Beychevelle. Man bereitet moderne Médoc-Weine mit meist gutem Preis-Leistungs-Verhältnis.

Cantemerle Das malerische Château unweit von La Lagune befindet sich mitten in einem Privatwald und liegt südlicher als die meisten klassifizierten Güter. Die Weine fallen leichter aus als das Gros der Konkurrenz und halten einem Vergleich mit edleren Tropfen aus dem nahen Margaux durchaus stand.

La Lagune Das Gut sieht aus wie ein mittelalterliches Märchenschloss, trotzdem entstehen hier moderne, gut gemachte, relativ früh trinkreife Médoc-Kreszenzen.

Sociando-Mallet Einer der Stars der Crubourgeois-Klasse. Würde die Klassifizierung von 1855 auf den neuesten Stand gebracht, wäre dem Gut ein Platz unter den Cinquièmes oder sogar Quatrièmes crus sicher.

LALANDE-DE-POMEROL

Fleur de Bouard Ein neuer Stern am Weinhimmel von Bordeaux. Die Gewächse erinnern mit ihren Kirsch- und Schokoladennoten an Pomerol-Kreszenzen der Spitzenkategorie, sind jedoch wesentlich preisgünstiger.

LISTRAC

Clarke Das Investitionsobjekt eines Zweigs der Rothschild-Familie ohne direkte Verbindung zu Mouton-Rothschild oder Lafite. Seit man den Merlot-Anteil erhöht hat, sind die Weine in ihrer Jugend viel zugänglicher.

Fourcas-Hosten Das Château erzeugt jenseits aller Modeströmungen klassische Listrac-Tropfen, die anfangs abweisend tanninherb ausfallen, aber von langer Lagerung profitieren.

LOUPIAC

Ricaud Das Château bietet manch einem Sauternes-Gut mit köstlich üppigen Süßweinen Paroli.

138

MARGAUX

d'Angludet Ein Cru bourgeois, dessen Weine den für Margaux typischen Brombeereinschlag erkennen lassen. Gutes Preis-Leistungs-Verhältnis.

La Gurgue Cru-bourgeois-Gut, das oft auf Cru-classé-Niveau liegt. Seine Rebflächen findet man unweit der Weinberge von Château Margaux. Die Weine: typisch duftige Margaux-Vertreter.

Labégorce-Zédé Ein Cru-bourgeois-Gut der Familie Thienpont (Le Pin, Vieux-Château-Certan), das bei Liebhabern preisgünstiger, hochklassiger Médoc-Weine hoch im Kurs steht.

Margaux Das Bordeaux-Gut schlechthin? Seine erlesenen, intensiven Essenzen mit Anklängen an Brombeeren und Schwarze Johannisbeeren verströmen den Duft, der die AOC von den Nachbarbereichen abhebt. Großartig auch der Zweitwein Pavillon Rouge und der Pavillon Blanc.

Monbrison Bewährte Anlaufstelle für Margaux-Anhänger auf der Suche nach Erzeugnissen mit gutem Preis-Leistungs-Verhältnis. Dieser Cru-bourgeois-Betrieb vermag manches klassifizierte Gut in den Schatten zu stellen.

Palmer Ein Troisième-cru-Gut, das sich fest als »super-second« etabliert hat. Feine, duftige Weine, die auf der Langstrecke die Konkurrenz oft hinter sich lassen.

Rauzan-Ségla Vorzügliches »super-second«-Gut, das in den 1970ern zwar einen Durchhänger hatte, heute aber Jahr um Jahr den Nachbarn Rauzan-Gassies mit eindrucksvollen, modernen, doch auch klassischen Weinen an die Wand spielt.

MÉDOC

La Tour-Haut-Caussan Sehr verlässlicher Cru-bourgeois-Wein mit der vollen Schwarzen-Johannisbeer-Frucht von Cabernet-Sauvignon und neuer Eiche.

Potensac Die Cru-bourgeois-Kellerei beweist, dass man durchaus Spitzenweine in einem alles andere als hochklassigen Médoc-Bereich erzeugen kann. Die Domäne hat denselben Besitzer wie Léoville-Lascases, ihre Weine kosten jedoch nur einen Bruchteil der vom großen Bruder in Umlauf gebrachten Tropfen.

MONTAGNE-ST-ÉMILION

Faizeau Ein Glanzlicht der »Satelliten«. Das Gut in Hanglage bereitet Weine auf Merlot-Basis, die sofortigen Genuss versprechen und sich auf dem Niveau eines St-Émilion Grand cru bewegen. Es gehört der Familie, die auch La Croix de Gay in Pomerol besitzt.

Roudier St-Émilion-Qualität zum günstigen Preis — was will man mehr?

MOULIS

Chasse-Spleen Das berühmteste Gut der AOC und einer der Cru-bourgeois-Betriebe, der benachbarte Crus classés bei Blindverkostungen vermutlich in den Schatten stellen würde. Klassischer, beerenfruchtiger roter Bordeaux.

Poujeaux Quelle besonders verlässlicher, von Anfang an zugänglicher Moulis-Weine.

PAUILLAC

Haut-Bages-Libéral Weine mit dem für Pauillac typischen Einschlag von Schwarze-Johannisbeer-Pastillen, jedoch zu weit geringeren Preisen als in der Nachbarschaft üblich.

Lafite-Rothschild Das Médoc in seiner vollendeten Verkörperung. In der Jugend ist

ein Lafite-Rothschild nicht immer leicht durchschaubar, dennoch verkörpert er die Quintessenz des komplexen, überragend eleganten Tropfens.

Latour In den Augen vieler Bordeaux-Liebhaber nach wie vor der Médoc-Wein schlechthin. Seiner klassischen Langlebigkeit und Komplexität haben die meisten vordergründig großartigen, modischen Weine aus Pomerol und St-Émilion kaum etwas entgegenzusetzen.

Lynch-Bages Das Gut ist offiziell »nur« als Cinquième cru eingestuft, gilt aber als »super-second«. Hier entsteht einer der verlässlichsten Weine im Médoc.

Mouton-Rothschild Ein Mouton tritt immer ein bisschen reifer, voller und eindrucksvoller auf als ein Lafite oder Latour, lässt gelegentlich aber etwas von deren Subtilität vermissen. In Jahren wie 1945 und 1982

schwingt er sich allerdings zu unerreichten Höhen auf.

Pichon-Longueville-Baron Ein Château, das von den enormen Investitionen der letzten Jahre profitiert hat.

Pichon-Longueville-Comtesse-Lalande Erzeuger köstlich verlockender, aber trotzdem langlebiger Weine aus Rebgärten neben Latour.

Pontet-Canet Entstehungsort gut gemachter, typischer Pauillac-Tropfen mit köstlicher Beerenfrucht.

PESSAC-LÉOGNAN

Carbonnieux Eines der größten Güter der AOC und Wiege klassischer Roter und Weißer.

Domaine de Chevalier Das in einer Waldlichtung versteckte Gut wird oft von Frösten

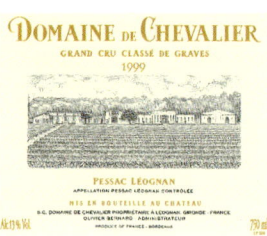

gebeutelt, bereitet aber subtilere, himbeerfruchtigere Rote als viele andere Erzeuger der Appellation – sowie brillante Weiße. In mageren Jahren steht es oft besser da als die Konkurrenz.

Haut-Bailly Einer meiner Lieblingsweine der Appellation – und eine der wenigen Kellereien, die keine Weißen erzeugen. Einnehmende Himbeer- und Maulbeernoten.

Haut-Brion Hier entsteht einer der größten Roten von Bordeaux, die Quintessenz der traditionellen Graves-Kreszenz mit verhaltener Kraft. Der Wein braucht Zeit, um sein wahres Potenzial zu offenbaren. Auch einen großen, trockenen Weißen hat man im Programm.

La Louvière Ein Vorzeigegut der tatkräftigen Familie Lurton – und eine der verlässlichsten Quellen roter und weißer Pessac-Léognan-Weine.

La Mission Haut-Brion Das Château gegenüber von Haut-Brion macht mit seinen tiefen, schwarzkirschenfruchtigen, duftigen Roten dem Nachbarn oftmals Konkurrenz.

Pape-Clément zählt zu den ältesten Gütern in Bordeaux und wartet heute mit einigen der intensivsten, eichenbetontesten und modernsten Weinen in der Region auf.

Smith-Haut-Lafitte Ein Neuzugang in der Riege der Spitzen-Châteaux von Pessac-Léognan. Das Gut stieg als eines der ersten auf organischen Weinbau um.

POMEROL

L'Évangile Der Weintempel gehört demselben Besitzer wie Lafite und erreicht ein ähnlich hohes Niveau. Die Erzeugnisse sind vielleicht nicht ganz so offenkundig großartig, bekunden jedoch hinreißende Intensität und beachtliches Alterungspotenzial.

La Fleur Pétrus Nicht ganz so konzentriert wie viele moderne Erzeugnisse, aber nach wie vor einer der verführerischsten Weine von Bordeaux mit sanft duftender Frucht.

Le Pin Der erste Garagenwein, ein in winzigen Mengen bereiteter Tropfen aus einem unscheinbaren Bauernhaus. Er fällt in seiner Jugend sehr füllig und saftig aus, doch noch lässt sich nicht einschätzen, wie gut er sich langfristig hält. Astronomische Preise.

Pétrus Das Merlot-Pendant zu den Cabernet-Größen Latour und Lafite. Verführerische, exotische Essenzen, die aus Gewürzen, Schokolade und Trauben gemacht zu sein scheinen.

Trotanoy Das Gut steht dem Stallgenossen Pétrus in seiner vollen, kirschfruchtigen, würzigen Klasse kaum nach und ist wesentlich subtiler als einige vordergründige Garagenweine.

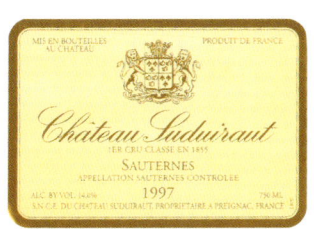

Vieux-Château-Certan Ein überaus zarter Pomerol mit mehr Cabernet-Zügen als das Gros der Nachbarn. Er altert bestens.

PREMIÈRES CÔTES
Carsin Das Gut in finnischem Besitz setzt auf neuweltliche Bereitungsmethoden und einen australischen Weinmacher. Insbesondere die Weißen stellen die meisten Mitstreiter in den Schatten.

Lézongars Kometengleich aufsteigender Star mit intensiven, sehr modernen, konzentrierten, eichentönigen Roten.

SAUTERNES
Rieussec Der direkte Herausforderer von Yquem. Intensive, doch vollendet ausgewogene Gewächse, die jahrzehntelang im Keller ausharren können.

Suduiraut Makellos volle Weine, die qualitativ mit Rieussec und Climens mithalten, sie aber punkto Intensität ausstechen.

Yquem Mächtige, konzentrierte, majestätische Essenzen, die später als andere Sauternes-Güter freigegeben werden und nicht in jedem Jahr erscheinen. Yquem ist die Verkörperung des Süßweins schlechthin.

ST-ÉMILION
Angélus Der Shootingstar seiner Appellation – einer der besten Weine der neuen Welle mit viel Komplexität als Stütze für die intensive Frucht und den Eichengeschmack.

Ausone Der Spitzenreiter von St-Émilion und wahrscheinlich eines der ältesten Weingüter von Bordeaux. Nach einer enttäuschenden Durststrecke hat es sich mithilfe von Michel Rolland wieder zu neuen Höhen aufgeschwungen.

Belair Das Gut steht neben Ausone, hat jedoch wesentlich mildere, mineralischere und traditionellere Tropfen zu bieten, die zwar gänzlich unmodern ausfallen, aber bestens altern.

Canon In den 1980er-Jahren konnte das Château nicht immer überzeugen. Seine klassischen Gewächse zeichnen sich eher durch Subtilität aus als durch Intensität.

Cheval Blanc Ein ständiger Anwärter auf die Weinkrone von Bordeaux. Das Château hat einen der weltweit besten Weine vorwiegend aus Cabernet franc zu bieten. Seine langlebigen Tropfen finden ein vollendetes Gleichgewicht zwischen Subtilität und Kraft – eine Eisenfaust im Samthandschuh.

Figeac In seiner Jugend ist dieser Wein einer der abweisendsten Gesellen von

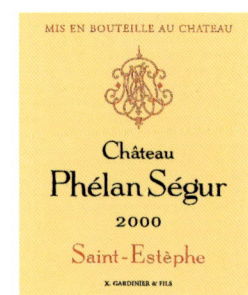

142

ganz Bordeaux. Er reicht nur selten an die Größe der Kreszenzen aus dem Nachbargut Cheval Blanc heran, begeistert aber durch wundervolle, subtile Anklänge an reife Früchte.

La Fleur Erzeuger klassischer statt kraftvoller Modetropfen mit verführerischen Düften.

Magdelaine Hier lässt man sich nicht auf Modeströmungen ein – und das ist gut so. Die feinen, traditionellen, duftigen St-Émilion-Vertreter lassen verborgene Kraft erkennen.

Moulin St-Georges Dem Besitzer von Château Ausone gehört auch dieser Betrieb, in dem ein feiner, klassischer, erschwinglicher Tropfen mit eindrucksvollen Anklängen an kandierte Früchte entsteht. Ein Wein, der die Zeiten überdauert.

Teyssier In britischer Hand befindliche Kellerei, die zeigt, was man bei sorgsamer Bereitung selbst mit nicht ganz optimalem Terroir erreichen kann.

Troplong-Mondot Feines Gut in Hanglage mit Weinen, die großartig nach Damaszenerpflaumen duften.

Valandraud Der berühmteste Garagenwein seiner Appellation und zweifellos ein Tropfen von eindrucksvoller Intensität. Valandraud ist nicht für Liebhaber des traditionellen, eleganten Médoc-Weins gemacht, alle anderen aber erliegen seinem unwiderstehlichen Charme.

ST-ÉMILION GRAND CRU
Fombrauge Einer der verlässlichsten Weine dieser Kategorie mit stark toffeegefärbtem Merlot-Einschlag. Er ist schon jung ein Genuss, belohnt aber auch den Geduldigen.

ST-ESTÈPHE
Calon-Ségur Eines der drei Spitzen-Châteaux von St-Estèphe. Man bereitet AOC-typische Tropfen, die anfangs recht abweisend sein können, doch mit vielschichtigen Brombeernoten aufwarten.

Cos d'Estournel Das oft für ein Pauillac-Gut gehaltene »super-second«-Gut gilt gemeinhin als Paradepferd der Appellation. Die würzigen Noten seiner opulent intensiven Weine mit Nuancen von dunklen Beeren spiegeln das fernöstliche Aussehen des Gebäudes wider.

de Pez Eine der ältesten Domänen im Médoc, die seit ihrer Übernahme durch die Eigentümer des Champagnerhauses Louis Roederer in den 1990ern als hervorragendes Cru-bourgeois-Gut von sich reden macht.

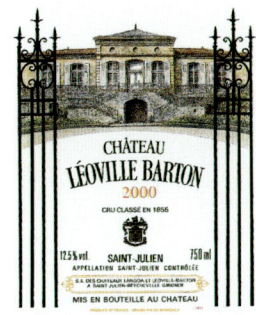
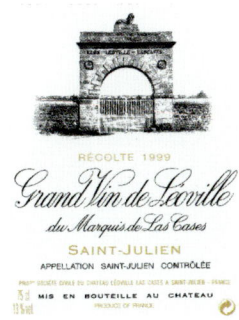
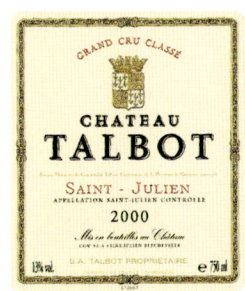

Haut-Marbuzet Eine Kellerei der immer größer werdenden Riege von Cru-bourgeois-Betrieben, die Besseres zu bieten haben als manches klassifizierte Médoc-Gut. Moderne Tropfen mit intensiven Anklängen an Schwarze Johannisbeeren.

Lafon-Rochet Ein aufsteigender Stern der Appellation. Die gut gemachten Weine bekunden eine Üppigkeit, die auf einen höheren Merlot-Anteil als ansonsten in der Nachbarschaft üblich zurückzuführen ist.

Montrose Die Weine von Montrose stehen heute zwar bisweilen im Schatten der von Anfang an verführerischen Tropfen von Cos d'Estournel, doch zählen sie zu den feinsten und langlebigsten Gewächsen in ganz St-Estèphe.

Phélan-Ségur Der Rivale von de Pez ist das Musterbeispiel eines modernen St-Estèphe-Weins mit üppiger Frucht als Gegengewicht zur kantigen Persönlichkeit, die der Boden der AOC seinen Geschöpfen mitgibt.

ST-JULIEN

Branaire Erzeuger verlässlich guter Weine, welche die für St-Julien typischen, zedrigen Geschmacksnoten zur Schau stellen.

Ducru-Beaucaillou Ein weiteres »supersecond«-Gut mit Klasseweinen, die neben den Pichons und Léovilles oft unterschätzt werden. Dennoch findet man im Médoc kaum langlebigere Vertreter der klassischen Linie.

Langoa-Barton Die Besitzer von Léoville-Barton sorgen dafür, dass die Weine dieses Guts, das ihnen ebenfalls gehört, mit großer Sorgfalt bereitet werden. Sie fallen allerdings etwas weniger körperreich – dafür preisgünstiger – aus.

Léoville-Barton Eines der »superseconds«-Güter mit dem angenehmsten Preis. Die Qualität der mit feinen Zedernnoten durchsetzten Weine ist Jahr für Jahr verlässlich hoch. Ein langer Kelleraufenthalt der Flaschen lohnt sich.

Léoville-Lascases Der Herausforderer, der Lafite, Latour und Margaux Jahr für Jahr am nächsten kommt. Feine, intensive, für lange Lagerung geeignete Essenzen mit Schwarzen Johannisbeeren im Gepäck.

Talbot Füllige, saftige Weine mit Zedernnoten – stets ein guter Griff in St-Julien. Ebenfalls empfehlenswert: die Weißen.

STE-CROIX-DU-MONT

Loubens Klassischer Süßwein, der manchem Sauternes die Stirn bietet.

144

DANK

Robert Joseph dankt den zahlreichen Château-Besitzern, Händlern, Weinliebhabern und Autoren in aller Welt für ihre Zeit, ihr Wissen und ihre Weine, die sie großzügig mit ihm geteilt haben.

Max Alexander dankt Nicola Watts-Allison, Sean Allison sowie Sue und Bob Watts für ihre Hilfe bei den Arbeiten zu diesem Buch.

Die Herausgeber danken dem folgenden Fotoarchiv für die freundliche Genehmigung zur Verwendung seines Bildmaterials
S. 78 Anthony Blake/The Anthony Blake Picture Library, London

Bildunterschriften zu den Fotos auf den Seite. 130-144:
S. 131: Straßen- und Château-Schilder, Lucognac, Médoc
S. 132 (links): Sémillon-Trauben
S. 132 (Mitte): Sémillon-Trauben in Großaufnahme
S. 132 (rechts): Cabernet-franc-Trauben
S. 134: Der Kiesboden von Château Olivier in Pessac-Léognan
S. 144: Reben der Domaine de Chevalier in der Nähe des Flughafens von Bordeaux in Mérignac